中国氢能技术发展路线图研究

黄　晶　刘　玮　等　著

科　学　出　版　社

北　京

内 容 简 介

在全球应对气候变化的背景下，本书聚焦氢能在实现"双碳"目标中的战略地位和关键作用，全面剖析了氢能产业现状、未来需求及其减排潜力。通过梳理国内外氢能技术的最新进展与发展路径，本书探讨了氢能制取、存储、输配及应用领域的关键技术，并总结了产业发展中的机遇与挑战。结合技术分析与产业需求，本书提出了推动氢能技术创新和国际合作的政策建议，为氢能产业的可持续发展提供了理论支撑与实践参考。

本书可供从事氢能研究的科研人员、政策制定者以及能源领域的从业者阅读参考。

图书在版编目（CIP）数据

中国氢能技术发展路线图研究 / 黄晶等著. -- 北京：科学出版社，2025. 2. -- ISBN 978-7-03-081089-2

Ⅰ. F426.2

中国国家版本馆 CIP 数据核字第 20255ZY282 号

责任编辑：王　倩 / 责任校对：樊雅琼
责任印制：徐晓晨 / 封面设计：无极书装

科学出版社出版
北京东黄城根北街 16 号
邮政编码：100717
http://www.sciencep.com
北京建宏印刷有限公司印刷
科学出版社发行　各地新华书店经销
*
2025 年 2 月第 一 版　开本：787×1092　1/16
2025 年 2 月第一次印刷　印张：4 3/4
字数：120 000
定价：98.00 元
（如有印装质量问题，我社负责调换）

中国氢能技术发展路线图研究
编委会

主　　　　　编	黄　晶　刘　玮
副　主　编	张　贤　王顺兵　万燕鸣　刘聪敏
执行副主编	杨　念　张　岩

制　氢　板　块　邓占锋　姚婷婷　俞红梅　杨志宾　陈崇启　赵燕菲
　　　　　　　王雪颖

储　运　板　块　蒋利军　郭秀梅　魏　蔚　屈治国　李怀恩　晏嘉泽
　　　　　　　李众宇

应　用　板　块　明平文　侯中军　吕兴才　饶文涛　孙予罕　刘　畅
　　　　　　　郑龙烨

安　全　板　块　杨福源　李雪芳　王昌建　惠　虎　薄　柯　程少伟
　　　　　　　崔元帅

潜力预测、政策评估板块　周　胜　张　贤　王顺兵　杨　念　甄紫涵

贡　献　作　者　（按姓名拼音排序）

安　刚	巴清心	蔡　黎	曹广丽	陈　晨	陈　杰
陈如意	陈烁烁	程寒松	程一兵	邓成林	董光宇
范卫东	范晓蕾	方　川	方　涛	方辉煌	付铭凯
付朋波	付善飞	郭荣波	国佳旭	韩　璐	韩武林
郝　勇	郝南京	何　正	何广利	贺　萍	洪浩祯
花争立	黄　腾	贾　莉	贾国伟	贾子奕	江莉龙
姜　将	姜天豪	焦　魁	焦丽芳	揭晓蒙	李　森

李　青	李　翔	李　鑫	李明丰	李少坡	李水清
李堂军	李宇航	连淑娟	林　蒙	林炳裕	刘　烽
刘　欢	刘　龙	刘　馨	刘冰峰	刘长鹏	刘家琰
刘建国	刘启斌	刘绍军	刘小伟	刘玉涛	卢琛玉
鲁仰辉	吕　洪	吕友军	栾学斌	罗景山	马　浩
马天才	梅　武	梅生伟	潘凤文	裴素朋	彭林法
彭雪婷	钱　勇	邱殿凯	荣俊峰	邵　孟	邵奕铭
邵宗平	施建峰	石保禄	史　正	史明威	史翊翔
司　桐	苏福永	孙柏刚	孙树成	唐浩林	陶华冰
屠　硕	王　斌	王　浩	王　浒	王　辉	王　慧
王　洋	王　宇	王集杰	王建强	王兰英	王松涛
王业勤	吴思远	仙存妮	肖　丽	肖国萍	谢　添
邢　巍	徐　润	徐俊辉	徐双庆	徐万仁	徐竹田
杨　帆	杨　辉	杨燕梅	杨远平	叶　青	叶根银
曾笑笑	张　军	张　望	张东辉	张东阳	张家林
张剑飞	张秋根	张玉广	赵　云	赵凯歌	赵伟辰
赵文静	郑南峰	周　理	周云帆	朱利亚	祝　凯
邹志青					

序

当前，面对气候变化的严峻挑战和可持续发展的迫切需求，氢能作为一种清洁、高效的能源载体，正逐渐成为全球能源转型的重要焦点。该书以全球视野和中国实践为背景，深入探讨了氢能技术的发展路径及其在推动能源体系转型和应对气候变化中的关键作用。

在全球范围内，气候变化的紧迫性日益凸显，氢能不仅因其清洁能源的特性而备受瞩目，更因其在工业、交通和电力等多个领域的广泛应用前景，有望显著减少碳排放，为缓解环境压力、促进经济可持续发展提供有效途径。面对全球与中国面临的环境与能源双重挑战，特别是在实现碳达峰碳中和目标的背景下，氢能技术的创新发展显得尤为关键。

该书旨在全面审视我国氢能技术的发展现状，分析其在减排潜力、技术成熟度和市场需求等方面所面临的挑战，并提出切实可行的发展策略和政策建议。通过对中国氢能技术发展全貌的梳理，以及对其未来发展趋势的预测，该书为政策制定者、行业参与者、研究机构以及对氢能技术感兴趣的公众提供宝贵的参考和深刻的启示。

在探索氢能技术的发展过程中，我们认识到，尽管氢能技术的前景广阔，但其商业化和产业化的道路仍然充满挑战。从基础研究到技术开发，从成本控制到政策支持，再到市场接受度，每一个环节都需要我们深入研究和系统规划。中国在氢能技术创新方面已经取得了显著的进展，但要实现氢能的广泛应用和产业化发展，仍需克服多方面的瓶颈和障碍。

综上，该书不仅是对氢能技术发展路径的系统探讨，也是对我国乃至全球可持续发展战略需求的深刻思考。在全球能源转型的大潮中，发展氢能不仅是实现绿色低碳目标的必然选择，更是抢占未来能源科技制高点的战略需求，为我国乃至全球的可持续发展提供坚实的支持和动力。

中国工程院院士

2024 年 12 月

前　言

当前，面对气候变化的严峻挑战和可持续发展的迫切需求，氢能作为一种清洁、高效的能源载体，正逐渐成为全球能源转型的重要焦点。本书以全球视野和中国实践为背景，深入探讨了氢能技术的发展路径及其在推动能源体系转型和应对气候变化中的关键作用。

在全球范围内，气候变化的紧迫性日益凸显，氢能不仅因其清洁能源的特性而备受瞩目，更因其在工业、交通和电力等多个领域具有广泛应用前景，有望显著减少碳排放，为缓解环境压力、促进经济可持续发展提供有效途径。面对全球与中国面临的环境与能源双重挑战，特别是在实现碳达峰碳中和目标的背景下，氢能技术的创新发展显得尤为关键。

本书旨在全面审视我国氢能技术的发展现状，分析其在减排潜力、技术成熟度和市场需求等方面所面临的挑战，并提出切实可行的发展策略和政策建议。通过对中国氢能技术发展全貌的梳理，以及对其未来发展趋势的预测，本书期望为政策制定者、行业参与者、研究机构以及对氢能技术感兴趣的公众提供参考。

在探索氢能技术的发展过程中，我们认识到，尽管氢能技术的前景广阔，但其商业化和产业化的道路仍然充满挑战。从基础研究到技术开发，从成本控制到政策支持，再到市场接受度，每一个环节都需要我们深入研究和系统规划。中国在氢能技术创新方面已经取得了显著的进展，但要实现氢能的广泛应用和产业化发展，仍需要克服多方面的瓶颈和障碍。

本书不仅是对氢能技术发展路径的系统探讨，也是对我国乃至全球可持续发展战略需求的深刻思考，后续会根据行业发展实际定期更新完善。在全球能源转型的大潮中，发展氢能不仅是实现绿色低碳目标的必然选择，更是抢占未来能源科技制高点的战略需求，将为我国乃至全球的可持续发展提供坚实的支持和动力。

目　　录

摘要 ……………………………………………………………………………… 1

1　引言 ……………………………………………………………………… 4

　　1.1　应对气候变化：全球行动与氢能定位 ………………………………… 5

　　1.2　助力"双碳"目标：中国氢能产业的战略地位 ……………………… 6

2　氢能产业现状、未来需求和减排潜力 ………………………………… 8

　　2.1　氢能产业现状 …………………………………………………………… 9

　　　　2.1.1　国内外政策和市场环境 ………………………………………… 9

　　　　2.1.2　当前氢能对碳减排贡献 ………………………………………… 10

　　2.2　氢能的未来需求与减排潜力 ………………………………………… 11

　　　　2.2.1　氢能生产的低碳转型 …………………………………………… 11

　　　　2.2.2　氢能未来需求与减排潜力 ……………………………………… 13

　　　　2.2.3　影响氢能需求的关键因素 ……………………………………… 15

3　中国氢能技术发展现状 ………………………………………………… 17

　　3.1　氢能制取与转存技术 …………………………………………………… 18

　　3.2　氢能存储与输配技术 …………………………………………………… 21

　　3.3　氢能原料与动力技术 …………………………………………………… 24

　　3.4　机遇与挑战 ……………………………………………………………… 26

　　　　3.4.1　机遇 ……………………………………………………………… 26

　　　　3.4.2　挑战 ……………………………………………………………… 26

4　氢能技术发展路径 ……………………………………………………… 28

　　4.1　总体目标与发展思路 …………………………………………………… 29

　　4.2　技术发展路径 …………………………………………………………… 30

　　　　4.2.1　关键技术发展路径 ……………………………………………… 31

4.2.2 细分技术应用场景发展路径 ·· 33

5 政策建议 ··· 39

5.1 持续加大氢能技术创新支持力度 ··· 40

5.2 加快推进氢能先进技术应用试点示范 ······································· 41

5.3 加强氢能产业人才储备，培养复合型人才队伍 ······························· 42

5.4 强化氢能国际合作，提升氢能技术、产业、标准的国际化水平 ·········· 42

参考文献 ··· 44

附录 ··· 48

附录 1 技术清单 ·· 48

附录 2 技术成熟度评价标准及细则 ·· 57

附录 3 国外氢能相关政策清单 ·· 58

摘　　要

随着全球对应对气候变化和实现可持续发展目标相关工作的逐步推进，氢能作为一种清洁能源解决方案，正受到越来越多的关注。作为全球最大的能源消费国之一，中国氢能产业的发展不仅关乎国内碳达峰碳中和（"双碳"）目标的实现和社会经济的发展，也对全球能源格局的转变和可持续发展目标的实现产生着深远影响。本摘要旨在概述中国氢能产业的发展现状、应用潜力、面临挑战、发展思路和发展建议。

关键发现

市场潜力巨大。随着技术进步和成本下降，氢能在中国的市场需求预计将快速增长。至 2030 年和 2060 年，氢能应用规模将分别增加到 3700 万～4200 万 t/a 和 1 亿～1.8 亿 t/a，主要应用于工业、交通、电力和建筑等领域。

减排潜力显著。氢能在工业、交通和电力等多个关键领域均具有显著的减排潜力，是实现中国"碳达峰"和"碳中和"目标的关键技术之一。至 2030 年和 2060 年，中国可再生[①]氢占比将分别达到 8%～15% 和 75%～90%，二氧化碳减排规模有望达到 1 亿 t/a 和 16 亿 t/a 以上。

技术发展不均衡。尽管中国在氢能生产、储运和应用技术上取得了显著进展，但与国际先进水平相比，仍然在技术效率、成本控制等方面存在一定差距。整体上，中国部分氢能制取与转存相关技术、原料与动力相关技术与国际先进水平保持跟跑，而氢能存储与输配技术仍和国际先进水平存在一定差距。

产业集聚显著。近年来，中国政府从规划引领、财政支持和标准建设等多个方面不断加强和深化氢能领域政策支持，氢能产业迅速发展，2024 年可再生氢产能超过 10 万 t/a，京津冀、长三角、大湾区、能源金三角、川渝等氢能产业集群初具规模。未来，各级政策执行力度、协调性和稳定性仍需进一步加强。

发展思路

2025～2030 年，积极推进电解槽成本下降和效率提升，加快部署交通、工业、电力（氢发电）领域的清洁低碳氢示范应用。

2030～2035 年，推进储运技术进一步降本增效，推动清洁低碳氢在交通、工业、电力

---

① 本书所指可再生氢是满足《低碳氢、清洁氢与可再生氢的标准与评价》（T/CAB 0078—2020）要求，生产过程中所产生的温室气体排放值不高于 4.9kgCO$_2$e/kg H$_2$ 的氢气，且制备能源为可再生能源。

领域的商业化应用。

2035~2050 年，深入推进相关技术研发应用，加快构建安全、稳定、高效的氢能供应基础设施，逐步形成多元化、规模化、耦合化的用氢格局。

2050~2060 年，持续提高新兴技术研发水平，充分发挥氢能对绿色低碳发展和产业转型升级的支撑作用。

发展建议

加强氢能技术前瞻性研究部署。 加强综合规划和顶层设计，研究制定国家层面的氢能发展技术路线图，建立完善氢能技术创新体系，推动氢能产业链协同创新，加强基础研究、前沿技术和技术标准体系的研究力度。

加快推进氢能先进技术应用试点示范。 设立专项资金支持清洁低碳氢能应用试点示范项目，制定并完善氢能产业的政策法规体系，鼓励地方政府积极响应、率先行动，推广建设国家级氢能技术和产业发展示范区，在推广应用中探索解决当前的短板弱项。

加强氢能产业人才和创新团队培养。 着力培养具有跨学科、跨行业背景的复合型人才队伍，制定多层次的氢能人才培养计划，提升相关项目对青年科学家的资助培养力度，完善氢能项目的创新激励机制。

强化氢能技术创新国际合作。 紧密结合全球氢能技术布局趋势，加快建设适应新时代氢能技术发展趋势的制度体系，持续发挥氢能技术合作平台的作用，促进氢能人才国际交流与培训，提升我国氢能技术、产业、标准的国际化水平。

氢能技术和产业的发展对于中国乃至全球的能源转型和气候变化应对具有重要意义。通过综合施策，加强技术创新，优化政策环境，推动国际合作，中国有望在氢能领域取得重要突破，为实现可持续发展目标作出贡献。

1

引　言

1.1　应对气候变化：全球行动与氢能定位

气候变化是当前全球面临的重大挑战，不仅威胁生态系统平衡，也对全球经济和社会可持续发展构成了严峻考验。国际社会已对此采取了一系列积极行动，力图通过全球性合作缓解和适应气候变化。2016 年，《巴黎协定》的正式生效标志着全球应对气候变化进入了一个全新的阶段。该协定呼吁将全球平均气温较前工业化时期上升幅度控制在 2℃ 以内，并努力将温升限制在 1.5℃ 以内，以减少气候变化带来的最严重影响。为实现这一目标，195 个缔约方承诺采取具体措施，共同减少全球温室气体排放。

在《巴黎协定》框架下，约 150 个国家和地区，包括中国、欧盟、美国和日本等主要经济体，已经提出了实现净零排放或碳中和的目标。这些目标大多计划在 2050～2060 年达成，预示着在未来几十年内全球将经历一场广泛而深刻的社会经济系统低碳转型。例如，欧盟承诺到 2050 年实现气候中和，并计划到 2030 年实现温室气体净排放相较 1990 年水平减少 55% 以上，同时在 2035 年之后禁止销售燃油汽车。美国亦承诺到 2030 年实现相对于 2005 年碳排放水平的 50%～52% 减排，并计划到 2035 年实现电力行业的脱碳。日本承诺力争到 2030 年将温室气体排放量相比 2013 年水平削减 46%，并在 2050 年实现净零排放。

在此背景下，氢能作为一种来源丰富、绿色低碳、应用广泛的二次能源，被视作实现碳中和目标的关键技术之一。依据不同的生产方式，氢气可被分为非低碳氢、低碳氢、清洁氢、可再生氢多个类别，不同类别的氢能应用也将带来不同的环境影响。非低碳氢是指每千克氢气碳排放量[①]高于 14.51kgCO_2e 的氢气；低碳氢是指每千克氢气碳排放量不高于 14.51kgCO_2e 的氢气；清洁氢是指每千克氢气碳排放量不高于 4.9kgCO_2e 的氢气；可再生氢是指每千克氢气碳排放量不高于 4.9kgCO_2e，且生产所消耗的能源为可再生能源[②]。

氢能在低碳转型进程中具备着独特的技术优势，将成为未来能源体系的重要支柱。氢能可以在交通、工业、电力、建筑等多个领域替代传统的化石能源，从而大幅降低温室气体的排放。同时，氢能将与电力优势互补，共同成为未来零碳能源体系的两大支柱。一方

---

① 碳排放量指按照生命周期评价方法，将氢气生产过程中温室气体排放量折算为等值二氧化碳的排放量。
② 可再生能源指风能、太阳能、水能、生物质能、地热能、海洋能等非化石能源。

面，氢能在电力难以满足的原料需求、工业热需求等方面存在着显著优势，已成为难减排部门脱碳的重要抓手。另一方面，在高比例可再生能源渗透的电力系统中，氢能将发挥其助力消纳和调峰的重要作用，显著提高电力系统灵活性，保障绿电的有效供给。此外，氢能的多元应用还将提升能源结构的多样化，保障能源安全稳定供应。氢基产品也将打开广阔的市场空间，为经济高质量发展持续注入新动能。推动氢能技术的研发和应用已成为全球多数国家和地区应对气候变化、推进能源转型的重要战略之一。

1.2 助力"双碳"目标：中国氢能产业的战略地位

作为全球最大的发展中国家和全球最大的能源消费国之一，中国的"双碳"目标将加快推动全球能源结构向清洁化、低碳化调整，对于全球气候治理和绿色转型具有示范和借鉴意义。与此同时，中国致力于与全球各国建立互利共赢的能源合作，推动多边主义为全球气候治理注入强大动力。习近平总书记在中国共产党第二十次全国代表大会上的报告中指出：实现碳达峰碳中和是一场广泛而深刻的经济社会系统性变革，要立足我国能源资源禀赋，坚持先立后破，有计划分步骤实施碳达峰行动。这一目标要求中国显著减少温室气体排放，降低对煤炭等化石能源的依赖，同时大幅度提升太阳能、风电和水电等可再生能源的开发与利用。这样的能源转型不仅促使能源体系向多元化和低碳化方向发展，也将推动中国工业的全面升级和转型。党的二十届三中全会通过的《中共中央关于进一步全面深化改革、推进中国式现代化的决定》指出，"健全因地制宜发展新质生产力体制机制""支持企业用绿色技术改造提升传统产业"等，为氢能等战新产业参与中国式现代化建设指明了方向。一方面，新型清洁能源技术的研发及其规模化应用预计将孕育出一系列新兴能源装备产业，为中国的高技术制造业和服务业提供新的增长点。另一方面，为了匹配可再生能源的特性，中国的工业生产模式和设备将持续迈向更加高效、智能化的未来，促进整个工业技术体系的现代化和创新。

中国在全球氢能发展中扮演着愈发重要的角色，氢能产业发展迅速，氢能技术研发持续创新，氢能应用潜力巨大。自 20 世纪 50 年代开始，我国氢能相关技术研究已取得初步进展，随着国家高技术研究发展计划（863 计划）、国家重点基础研究发展计划（973 计划）

等国家重点项目的推进，我国逐步掌握了氢能制备、储存、输送、使用等关键环节的技术。2019 年两会期间，氢能首次写入《政府工作报告》，氢能源产业迈入实质发展阶段，之后氢能产业顶层规划设计逐步得到完善。《中共中央 国务院关于完整准确全面贯彻新发展理念做好碳达峰碳中和工作的意见》等中央纲领性文件中明确氢能为实现碳中和目标的重要技术路线之一，国家发展和改革委员会和国家能源局联合印发的《氢能产业发展中长期规划（2021—2035 年)》中明确氢能为未来国家能源体系的重要组成部分，用能终端实现绿色低碳转型的重要载体，氢能产业是我国战略性新兴产业和未来产业的重点发展方向。2023 年，国家标准化管理委员会等六部门联合印发《氢能产业标准体系建设指南（2023 版)》，构建了氢能制、储、输、用全产业链标准体系。2024 年 11 月 8 日，中华人民共和国第十四届全国人民代表大会常务委员会第十二次会议表决通过《中华人民共和国能源法》，这是我国首部能源法，氢能被正式纳入能源管理体系。我国氢能产业的顶层设计和政策支持体系日趋完善，为氢能技术的发展和产业化提供了有力支撑。

中国已成为全球最大的氢气生产消费国，占全球氢气总产量的 30%以上。中国不仅建成了全球最大的氢燃料电池商用车市场，还在氢燃料电池汽车保有量和加氢站运营数量上位居全球前列。这展现了中国在全球氢能技术及产业发展中的重要地位，对推动全球能源转型和氢能技术的国际合作产生了积极的导向作用。

然而，中国在氢能发展中也面临一系列挑战。由于我国社会发展高度依赖煤炭，同时石油和天然气的进口量占消费总量的比重较高，这对于中国氢能技术及产业的可持续发展提出了更高要求。中国需要在保障能源安全的同时，加速氢能技术的研发和产业化进程，减少对化石能源的依赖，推动能源消费向绿色低碳转型。

面对环境与社会等多维度的挑战，中国正积极探索解决方案，通过加强自主技术研发和国际技术合作，努力提升氢能技术的经济性和可靠性。依托"一带一路"倡议、中欧氢能技术创新合作，中国正将氢能作为重要的国际合作议题，不仅推动国内氢能产业的发展，也致力于在全球氢能技术发展中发挥更大的作用，从而为全球气候治理和能源转型做出更大贡献。随着氢能技术及产业生态的日益成熟，中国有望在全球氢能领域中发挥更加关键的作用，推动全球向更清洁、更可持续的能源未来迈进。

2

氢能产业现状、未来需求和减排潜力

2.1 氢能产业现状

中国政府对氢能产业高度重视，随着氢能支持政策陆续出台，相关项目开始密集落地，氢能技术自主化研发和规模化应用能力显著提升。尽管如此，我国氢能产业仍然处于发展初期。由于化石能源主导的能源结构和相对薄弱的产业基础等因素，我国氢能产业创新能力、技术装备水平、相关基础性制度相比国际先进水平仍存在一定差距。

2.1.1 国内外政策和市场环境

目前，氢能产业已成为全球主要经济体加快能源转型升级、培育经济新增长点的重要战略选择，并逐步向战略实施阶段迈进。2020 年 7 月，欧盟公布了《欧洲气候中性的氢能战略》，提出将于 2050 年前，使氢能在欧洲能源结构中的份额提高至 13%～14%，达到目前的 7 倍以上。2023 年 6 月，美国发布《国家清洁氢能战略和路线图》，提出到 2050 年清洁氢年产量达 5000 万 t，并通过《通胀削减法案》对满足条件的清洁氢给予每千克最高 3 美元的生产税收抵免。2023 年 6 月，日本修订了《氢能基本战略》，将氢能（含氨）年供应量目标由原计划的 2030 年 30 万 t、2050 年 1000 万 t 提升至 2030 年 300 万 t、2050 年 2000 万 t。2022 年，韩国产业通商资源部提出，计划到 2030 年将韩国氢气产量提高至 190 万 t/a，同时进口清洁氢 196 万 t/a，审议并通过了《氢技术未来战略》等一系列氢能经济发展举措。

近年来，我国政府不断深化和完善氢能领域政策制度，从规划引领、财政支持和标准建设等多个方面为氢能产业发展提供有力保障。路线规划层面，2022 年 3 月发布的《氢能产业发展中长期规划（2021—2035 年）》将氢能产业提升到国家能源战略高度。此后，国家各部委及地方政府陆续出台相关配套政策，氢能产业发展体系不断健全完善。财政支持层面，2020 年 9 月，财政部联合工业和信息化部、科学技术部、国家发展和改革委员会、国家能源局发布《关于开展燃料电池汽车示范应用的通知》，提出"以奖代补"的形式支持氢燃料电池产业发展，力争尽快实现关键核心技术突破和产业化应用。标准建设层面，2023 年 8 月，国家标准委员会等六部门联合印发《氢能产业标准体系建设指南（2023 版）》，明确了近三年氢能标准化工作重点任务，系统构建了氢能制、储、输、用全产业链标准体系。

截至 2024 年 6 月底，我国已累计发布各层级氢能专项政策 494 项，持续从落实税收优惠、完善金融扶持政策、先行试点示范、强化技术人才培养等多角度，为氢能产业发展提供全方位支持保障。

尽管我国氢能产业仍处于发展初期，但我国拥有全球最大的氢能生产和消费市场，同时也拥有全球最大的氢能商用车市场，已成为全球清洁低碳氢能发展的重要主导者之一。截至 2024 年 6 月底，中国已规划约 430 个可再生能源制氢项目，氢能应用由交通、工业逐步向电力、建筑等多元场景延伸。

2.1.2 当前氢能对碳减排贡献

当前我国氢气生产以化石能源制氢为主，氢能的减排潜力尚未得到充分挖掘。2023 年，我国氢气总产量达 3500 万 t 以上，其中煤制氢约占 60%，天然气制氢和工业副产氢分别约占 20%。图 2-1 展示了 2023 年中国氢能的生产和利用情况。氢气主要应用于合成氨、合成甲醇、炼油等化工行业，占总消费量的 85% 左右。其中，合成氨和合成甲醇用氢以煤制氢为主，占比 70% 左右。石油炼化的副产氢是重要的自产氢源，炼油用氢中工业副产氢占比 40% 以上。2023 年，我国与氢气相关的碳排放在 5.2 亿 t 以上，合成氨和甲醇生产是主要的

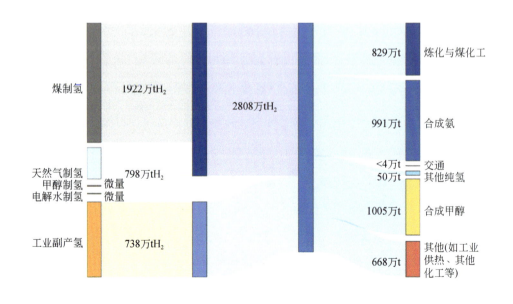

图 2-1 2023 年氢气生产利用情况

排放来源，分别占 2.2 亿 t 和 1.7 亿 t 左右。从原料类型来看，煤制氢、天然气制氢、工业副产氢分别贡献了约 80%、15% 和 5% 的碳排放。

目前，氢能产业处于起步和示范阶段，主要应用于工业和交通部门。截至 2024 年 6 月底，我国累计建成运营可再生能源制氢项目 78 个，覆盖 25 个省（自治区、直辖市），产能超过 10 万 t/a，合计项目规模约 970MW。其中，使用的可再生能源以太阳能为主，光伏制氢占比约 73.5%；使用的电解槽以碱性电解槽为主，装机规模占比约 86.8%。氢能应用方面，近 3 年内可再生能源制氢投产项目主要集中在工业和交通领域，其中，工业领域可再生能源制氢产能占总产能的接近 70%，主要用于替代合成氨、合成甲醇以及炼化工艺中的化石能源制氢。

在可再生能源制氢项目区域分布方面，西北内陆和东南沿海氢能产业集群初成规模。西北地区主要建设氢能产业示范区，实现可再生能源规模化制氢，其中，宁夏、新疆、内蒙古为可再生能源制氢领先地区，3 个自治区可再生能源制氢产能约占全国可再生能源制氢总产能的 80%，主要用于合成氨、合成甲醇和绿色炼化等工业应用。长三角地区主要推进海上风电制氢、加氢网络建设、氢燃料电池汽车应用和氢能国际贸易。大湾区积极探索海上风电制氢、海水制氢，推进氢能制备加注一体化建设，深化氢能多元应用。初步统计，已经投产的可再生能源制氢项目可带来超百万吨的二氧化碳年减排量。

2.2 氢能的未来需求与减排潜力

2.2.1 氢能生产的低碳转型

氢能作为一种二次能源，其低碳程度取决于全生命周期（尤其是制氢环节）的排放水平。当前，由于我国煤制氢（碳排放强度为 $24tCO_2e/tH_2$ 以上）占比较高，氢气生产平均碳排放强度约为 $17.53tCO_2e/tH_2$，高于低碳氢水平，是欧美日等发达国家和地区制氢碳排放强度的 2～3 倍。天然气制氢与工业副产氢碳排放强度相对较低，分别为 $11.45tCO_2e/tH_2$ 和 $0.6～5tCO_2e/tH_2$（加权平均值约 $2.07tCO_2e/tH_2$）。电解水制氢中，制氢碳排放强度与所用电力碳排放强度直接相关。基于绿色电力制备的氢气几乎不产生碳排放，而在当前的电力结构下，直接使用网电（平均碳强度约 0.56tCO$_2$e/MWh）制备的氢气碳排放强度将高达 28.7tCO$_2$e/tH$_2$，是煤制氢的 1.2 倍。因此，从长远来看，我国的氢能生产需要从化石能源为主逐步过渡到以可再生能源为主的低碳/清洁氢生产。另外，氢储运环节的碳排放也不容忽视，其排放水平与储运方式密切相关。

当前，可再生能源制氢成本是化石能源制氢成本的 2～4 倍，缺乏市场竞争力。影响氢能成本因素包括制氢技术、制氢规模、原料成本、用能成本、区域异质性等。从平准化制氢成本来看，化石能源制氢成本整体处于较低水平，电解水制氢成本整体较高。现阶段化石能源制氢成本主要在 10～20 元/kg 之间，可再生能源制氢和网电制氢成本集中在 20～35 元/kg。从未来发展趋势看，考虑低碳技术的"学习曲线"效应，可再生能源制氢成本将大幅度下降。到 2030 年可再生能源制氢生产成本将降低至 7～25 元/kg，2035 年前后可再生能源制氢将整体具有市场竞争力，到 2060 年可再生能源制氢生产成本将下降至 5～10 元/kg。图 2-2 展示了典型技术路线的制氢成本变化趋势。

图 2-2　典型技术路线制氢成本变化趋势

随着经济性的不断提升，氢能生产结构中低碳氢和清洁氢的比例将迅速提升，这将进一步丰富氢能的多元应用，支撑氢能成为未来能源体系的重要组成部分。据国际能源署等机构预测，在碳中和目标的要求下，2030 年中国氢能生产结构中可再生能源制氢占比将达到 8%～15%；至 2060 年，该比例将达到 75%～90%，其余化石燃料制氢也将几乎全部配备碳捕集与封存装置，氢能生产的碳排放强度将降低 90% 以上。生产结构的低碳转型将使氢能的应用范围逐步拓展至交通、电力、建筑等领域。2060 年中国氢能总需求量有望达到当前的 2.5 倍以上，氢能将成为未来能源体系的重要组成部分。

2.2.2　氢能未来需求与减排潜力

我国未来氢能需求量巨大，氢能规模将随成本下降和技术迭代而大幅增长，带来显著的二氧化碳减排效益。可再生能源制氢替代是化工、钢铁、水泥、交通和建筑等部门实现碳中和的关键技术选择之一，已被行业公认为难减排部门脱碳的重要抓手。碳中和目标下，到 2030 年，可再生能源制氢产量预计为 350 万～650 万 t/a，实现二氧化碳减排规模约 7500 万 t/a；到 2060 年，我国氢能总需求量将有望达到 1 亿～1.8 亿 t/a，可再生能源制氢产量占比有望超过 75%，二氧化碳减排量在 16 亿 t/a 以上。

1. 交通部门

交通部门是氢能应用的主要领域之一。相比动力电池，氢燃料电池的应用主要集中于重型卡车、城际巴士、港口矿山作业车等对续航里程要求较高的场景。此外，对于普通乘用车而言，由于低温会显著降低动力电池的续航性能，氢燃料电池也具备应用于中国部分北方城市道路交通的潜力。在国家和地方对氢燃料电池政策和产业支持下，全国已确定了"3+2"氢燃料电池汽车示范城市群。截至 2023 年底，共 29 个省份制定了氢能或氢燃料电池专项政策。尽管当前氢能在交通领域中总体需求量较少，但随着氢燃料电池车的技术进步和相关政策的落实推进，交通部门对氢能的需求量将快速增加。

可再生氢和工业副产氢将逐步在交通部门中被广泛应用，氢能应用场景将逐步从重卡向航运等领域扩展。据国际能源署等机构预测，碳中和目标下，至 2030 年，氢能将主要应用于重型卡车、冷链物流、城际巴士、港口机械作业车辆等场景，氢燃料电池汽车保有量将达到 60 万辆。这将带来 150 万 t/a 以上的氢气需求量，其中，可再生氢占比在 40% 左右，工业副产氢也将在交通部门中发挥重要作用。至 2060 年，氢能在国内交通部门的应用将进一步拓展至船运、航空等领域，市内乘用车保有量也将迅速提升，交通部门氢气总需求量有望达到 3000 万 t/a 以上。其中，可再生氢占比超过 90%，对应的碳减排量有望超过 4 亿 t/a。

2. 工业部门

化工、钢铁、水泥等工业部门的碳排放强度高、体量大，低碳替代手段有限。低碳氢和清洁氢可通过替代高碳原料和提供低碳热源等方式，使难以电气化的工业部门脱碳。对于化工行业，低碳氢和清洁氢可作为原料在合成氨和合成甲醇过程中发挥低碳替代作用。2023 年，我国合成氨和甲醇部门总耗氢量约 2000 万 t，几乎 100%来自化石能源制氢，若采用可再生氢替代，可实现总体碳排放降低 80%以上。对于石油炼化行业来说，氢气主要用于从碳氢化合物中去除杂质，特别是加氢脱硫和加氢裂化，年耗氢量超过 800 万 t，是可再生氢替代的重点领域之一。对于钢铁行业，我国钢铁行业以"长流程"为主，采用焦炭还原铁矿石，每年排放二氧化碳 20 亿 t 左右，用可再生氢代替焦炭还原铁矿石可以大幅降低相关排放。对于水泥行业，氢能在水泥熟料煅烧过程中对煤炭进行热源替代，此过程基本不改变现有窑炉工艺装备，具备相对较高的经济效益。

低碳氢和清洁氢的大规模应用将有力推进化工、炼化、钢铁、水泥等工业部门的脱碳进程。据国际能源署等机构预测，碳中和目标下，中国在 2030 年用于化工、石油炼化部门的可再生氢有望达到 350 万 t/a 以上，减少碳排放量达 5000 万 t/a。同时，可再生氢也将逐渐在钢铁、水泥等行业实现一定规模的工业示范应用。至 2060 年，用于化工、石油炼化、钢铁行业的氢能有望分别达到 3200 万 t/a、800 万 t/a、1000 万 t/a 以上，可再生氢在上述行业氢能总需求中占比在 80%～90%。此外，氢能也将在水泥等部门的最终能源消耗中占比 10%以上。上述清洁氢和低碳氢的工业应用将在 2060 年减少 7 亿 t 以上的碳排放，其中，可再生氢和清洁氢减排贡献分别占 80%和 20%左右。

3. 电力部门

氢能也可以在电力部门中发挥减排、储能等作用。当前，我国拥有全球规模最大的电力部门，同时，以煤炭为主的一次能源结构使得发电过程伴随着较高的碳排放强度。氢能主要通过三种途径协助电力系统脱碳：一是通过燃氢轮机、燃料电池或燃氢锅炉等技术，作为提供电力或热能的清洁能源；二是在使用煤或天然气发电的设施中进行掺氢（及氢基衍生物氨等）共燃，从而降低原有设施发电的碳排放强度，减少因转型造成的资产搁浅；三是作为风光消纳载体和季节性储能资源，可提高电力系统灵活性，降低电力系统运行成本。随着未来电力系统中具备波动性的可再生能源比例不断升高，氢能将在提高电力系统稳定性、低碳性、经济性的过程中发挥更大作用。

氢能在电力部门中的需求将随着电力系统可再生能源比例的提高而迅速增长，清洁氢的应用将同时产生调峰、储能、减排等多种效益。截至 2023 年底，我国使用氢燃料电池和氢热电联产技术的发电规模近 20MW，相关项目正处于快速增长期。碳中和目标下，预计 2030 年中国用于电力部门的氢能规模将达到 15 万 t/a 以上。考虑到即将迅速增长的可再生电力产能和其对储能等调度资源的高度需求，2030 年后，氢能在电力部门中的应用或将迎来爆发式增长。2060 年，我国电力系统中氢能需求量（不考虑掺氨量）有望达到 800 万 t/a 以上，可再生氢在其中占比接近 100%，同时减少 1 亿 t 以上的碳排放量。

4. 建筑部门

建筑部门是未来氢能应用的潜在部门。在当前全国的终端能源消耗中，建筑部门约占 20%。氢能主要通过两种途径帮助建筑部门脱碳：一是天然气管道掺氢，在此过程中使用的清洁氢可以降低建筑部门用能的碳强度，依据目前的管网设施状况，掺氢的安全上限大约在 20%。同时，由于上述应用仅需对天然气管网和终端用能设施进行微小的改造，故该途径在短期视角下具备较高的应用潜力。二是建筑部门微型热电联供，长期来看，在相关设备技术成本降幅较大的前提下，该途径具备较高的应用潜力。据国际能源署等机构预测，至 2060 年，我国建筑部门氢能需求有望超过 500 万 t/a，主要以天然气掺混或直接燃烧的方式用于采暖炊事，同时带来 8000 万 t 以上的碳减排量。

2.2.3 影响氢能需求的关键因素

影响氢能需求和产业发展的关键因素包括应用成本、技术进步、产业政策、经济发展、能源转型、氢技术安全和地缘经济合作等多个方面。

第一，应用成本、技术研发与产业政策。氢能的应用成本是决定氢能发展规模的关键因素，也是制约当前氢能产业发展的主要障碍。未来 10 年是以清洁低碳氢为核心的氢能产业发展关键阶段，为加快清洁低碳氢成本下降速度，需要鼓励制氢、储氢和用氢技术创新，加大研发力度；加强清洁低碳氢示范项目及其推广，鼓励氢能生产利用模式创新和基础设施完善建设，帮助氢能产业实现经济跨越发展；加强氢能产业政策支持力度，通过补贴、环境管制等方式将氢能外部性环境效益内部化，增加清洁低碳氢项目的经济效益和市场竞争力，推进氢能大规模商业化和产业化。

第二，能源和工业系统的低碳转型。氢能产业发展与能源和工业系统的低碳转型相互作用、相互影响。从氢能应用角度，能源系统、工业系统是氢能应用的主要场景，其加速脱碳将带来更高的清洁氢需求。从氢能生产角度，能源系统清洁性、经济性的提高将为清洁氢提供充足的低碳、低成本电力，而工业系统的副产氢又是当前氢能的重要组成部分，上述系统的加速脱碳将显著影响氢能生产的供给结构。需要以系统观念统筹能源、工业、氢能系统协同转型，处理好整体与局部、短期目标与长期目标的关系。

第三，氢安全。氢气既不安全又很安全。一方面，氢气的质量能量密度高，燃烧、爆炸范围广，点火能量低，火焰传播速度快，高压下易引起氢脆，表现为很不安全；另一方面，氢气逃逸速度快，体积能量密度低，燃烧热辐射低，在开放空间中表现为很安全。需要通过技术创新和突破来适应氢气生产、储存、运输和应用方面的安全挑战。除了改进和完善氢系统的安全设计和采用兼容材料外，还需要加强氢产业链相关管理者和运营商对氢能安全的认识。

第四，地缘经济合作。由于可再生能源的部署潜力存在着明显的地域差异，其下游的终端用氢成本将受到部署地域的显著影响。对于日本、韩国等对氢能存在高度需求的国家来说，具备较高可再生能源部署潜力的国土空间相对有限，对低成本氢气存在更高需求，这将带来较大的国际贸易空间。需要积极推进地缘经济合作，促进国际氢能贸易和跨境基础设施建设，提升在氢能技术、标准和治理机制方面的话语权。

3

中国氢能技术发展现状

当前，我国已建立了一批氢能产业相关研究机构和创新平台，初步建立了氢能全产业链、技术链，并积极开展关键技术创新性研发。

在氢能制取与转存技术方面，充分结合资源禀赋特点和产业布局，因地制宜选择制氢技术路线，逐步推动构建清洁化、低碳化、低成本的多元制氢体系。以提高制氢效率、加快降低制氢成本为目标，聚焦电解水制氢、生物制氢及氢基衍生物转存制氢等技术的关键材料、组件及设备性能开展研发攻关，布局光解水、热化学循环、天然氢勘探等前沿制氢技术基础研究。

在氢能存储与输配技术方面，以安全可控为前提，积极推进材料、结构和技术工艺创新，支持开展多种储运方式的探索和实践。提高高压气态储运效率，加快降低储运成本，有效提升高压气态储运商业化水平。推动低温液氢储运产业化应用，探索固态、深冷高压、液体材料等储运方式应用。开展掺氢天然气管道、纯氢管道等试点示范。逐步构建高密度、轻量化、低成本、多元化的氢能储运体系。

在氢能原料与动力技术方面，坚持以市场应用为牵引，合理布局、把握节奏，有序推进氢能在交通、工业领域的示范应用，拓展在电力、建筑等领域的应用，推动规模化发展，加快探索形成有效的氢能产业发展的商业化路径。经过近年来对氢能科技的系列部署，形成总体技术情况如下。

3.1　氢能制取与转存技术

氢能制取与转存技术主要包含 5 项子类技术、14 项亚类技术及 64 项细分技术。其中，化石能源制氢技术已实现商业应用，部分电解水制氢技术、生物制氢技术和氢基衍生物转存技术处于工业示范或商业应用阶段。对标全球细分制氢技术路线，我国碱性（ALK）电解水制氢技术处于国际领先水平，但质子交换膜（PEM）电解水制氢、固体氧化物（SOEC）电解水制氢、天然气裂解制氢技术等亚类技术与国际水平存在差距。相关技术成熟度[①]评估结果见图 3-1。

---

① 参考 GB/T 22900-2022《科学技术研究项目评价通则》中对"技术就绪水平"的定义，衡量相关技术发展成熟水平。

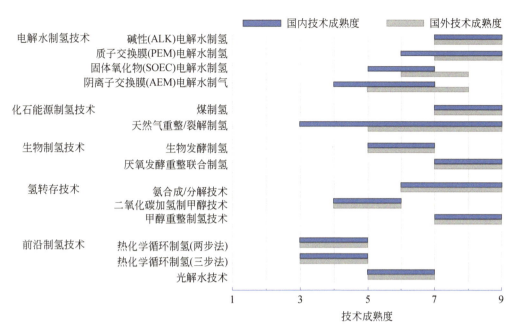

图 3-1 氢能制取与转存技术成熟度评估

化石能源制氢技术在合成氨、合成甲醇、炼油化工等领域广泛应用与推广,具体包括煤制氢和天然气重整/裂解制氢。煤制氢技术处于国际领先水平,但仍需针对灵活性和低能耗持续攻关,与其相配套的碳捕集与封存技术（CCS）与国外水平存在差距,需进一步提高技术成熟度和经济性。天然气重整制氢技术装置研发设计和施工建设水平接近世界先进水平,催化剂反应活性、机械强度、抗积碳性能等主要指标达到国际先进水平；天然气裂解制氢技术方面处于跟跑水平,整体研发进度落后于欧美。实现天然气制氢后碳元素在系统内部的循环利用,避免增加能源系统对环境的碳排放压力,形成 CH_4-H_2-CO_2 融合的能源系统内部碳循环新生态将是未来攻关方向。

电解水制氢技术中有 30%以上细分技术达到商业化应用水平。具体包括 ALK 电解水制氢、PEM 电解水制氢、SOEC 电解水制氢和 AEM 电解水制氢技术。ALK 电解水制氢技术成熟度较高,系统整体性能处于领跑水平,加快新一代隔膜和电极技术开发,推动技术的迭代升级,扩大运行范围、提升宽范围适应性,开发出大功率、高效率、高稳定性的 ALK 电解水制氢设备,形成系统性、自主化的完整产品体系将是未来重点任务方向。PEM 电解水制氢处于小规模示范阶段,SOEC 电解水制氢和 AEM 电解水制氢技术正在逐渐步入中试阶段。PEM 电解水制氢技术整体处于跟跑水平,其性能尤其是寿命尚缺乏市场验证,提升电解槽关键材料（如催化剂、质子交换膜、气体扩散层或碳纸）及组件的性能和国产化水平将是未来重点攻关方向。SOEC 电解水制氢电解堆与系统集成等方面与国际领先水平仍存在一定差距，提高 SOEC 电解池材料稳定性和电极催化活性、厘清反应过程中各环节的反应机制等将是未来重点研究内容。AEM 电解水制氢技术整体处于中试水平，其系统性能与欧美持平，在制氢器件性能、长时可靠性等方面需加强测试验证。PEM、SOEC、AEM 三种电解槽技术预计分别需要 3～5 年、5～10 年、10～15 年的技术攻关才可实现规模化推广应用。

生物制氢技术包括生物发酵制氢和厌氧发酵重整联合制氢，约 33%细分技术达到工业示范水平。生物发酵制氢技术处于中试阶段，推动提升廉价废弃生物质发酵产氢效能、降低产氢成本、开发规模化技术与设备将是未来重点研究方向，预计未来 5～10 年可实现规模化推广应用。厌氧发酵重整联合制氢技术已基本成熟，处于国际领先水平，将厌氧沼气发酵及甲烷重整制氢技术相耦合，构建生物质废弃物高效利用的产业化技术路线将是未来技术推广方向，预计需要 5～10 年，厌氧发酵重整联合制氢技术可实现规模化推广应用。

氢基衍生物转存技术包括氨合成/分解技术、二氧化碳加氢制甲醇技术和甲醇重整制氢技术，60%以上细分技术在工业示范和商业应用阶段。氨合成/分解技术处于工业示范阶段，催化剂水平和配套技术性能与欧美发达国家相当，整体处于并跑水平，未来仍需针对钌基氨合成催化剂等核心技术加大研发力度，进一步推动氨合成/分解技术的工业应用。二氧化碳加氢制甲醇技术整体处于中试阶段，与国际先进水平处于并跑状态，需加快高性能催化剂和反应器的研发，形成满足可再生能源制氢规模化转存的高灵活性系统工艺包，预计需要 10～15 年技术研发可达到规模化推广应用水平。甲醇重整制氢技术已基本成熟，与国际先进水平处于并跑状态，未来需进一步开发高效、长寿命、低成本的甲醇水蒸气重整制氢催化剂，开发出转化效率高、能量管控优的反应器，形成系统性工艺或装备，满足下游用氢场景的灵活性需求。

前沿制氢技术包括光解水制氢、两步热化学循环制氢技术和三步热化学循环制氢技术，约 25%细分技术处于中试阶段。光解水制氢技术处于小试阶段，整体水平与国外相比处于并跑状态。在光解水制氢技术的材料（如硅和III-V 族化合物）、设备运行和规模化生产工艺等方面的技术仍然有待进一步探索，预计未来仍需 10 年以上才可实现示范推广应用。两步热化学循环制氢技术处于基础研究阶段，关键材料与反应器等零部件水平与国际先进水平相当，但整体尚未成熟，反应器效率低、聚光集热要求高、系统集成复杂等因素导致无法展开规模化应用，预计需要 15 年以上技术攻关才能实现规模化推广应用。三步热化学循环制氢技术处于基础研究阶段，系统整体性能与欧美日韩等国家和地区水平相当，但在子系统或者反应层面的性能尤其是硫酸分解催化反应速率与碘化氢分解催化剂的稳定测定时长方面尚有一定差距，高温酸腐蚀条件下系统设备材料可靠性与延寿技术、非贵金属酸分解反应催化剂研发、大规模系统动态调控等将是未来重点研发内容，预计需要 15 年以上技术攻关达到规模化推广应用水平。

3.2　氢能存储与输配技术

氢能存储与输配技术主要包括 6 项子类技术、16 项亚类技术及 77 项细分技术，其中高压储氢和转运技术成熟度较高，低温液氢、材料储氢以及管道运输子类技术总体处于中试阶段，加氢站装备与集成子类技术成熟度偏低。与国际上相关技术发展水平对比，我国整体接近国际先进水平，但地质储氢、纯氢管道运输、加氢机与压缩机等亚类技术落后于国际水平。相关技术成熟度评估结果见图 3-2。

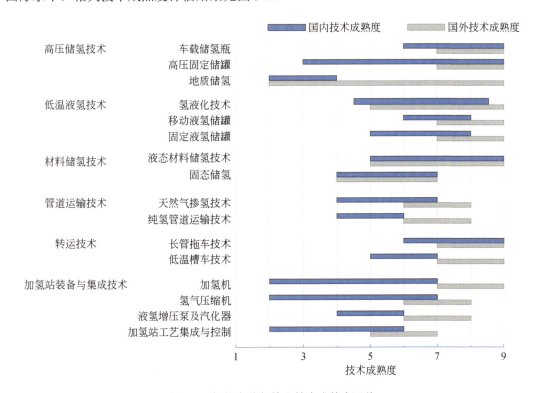

图 3-2　氢能存储与输配技术成熟度评估

高压储氢技术包括车载储氢瓶、高压固定储罐和地质储氢技术，约 58%的细分技术达到工业示范及以上水平。车载储氢瓶技术处于工业示范阶段，接近国际先进水平，未来需针对瓶阀结构与功能设计、突破瓶阀部件高压密封及集成等技术展开攻关，预计未来 3～5年可实现规模化推广应用。高压固定储罐技术整体成熟度较高，钢质固定储氢容器、I 型和Ⅱ型固定瓶组技术已实现商业化应用，处于国际并跑水平，Ⅲ型和Ⅳ型固定瓶组技术分别处于工业示范和基础研究阶段，整体水平处于跟跑状态，储氢瓶组碳纤维材料、阀件及密封技术还需持续攻关，预计需要 5～10 年达到规模化推广应用水平。地质储氢技术尚处于基础研究阶段，与国际水平存在差距，需加快研发地质评价、抗氢脆材料研究、测腔技术，预计需要 15～20 年技术攻关可具备规模化推广应用条件。

低温液氢技术包括氢液化、移动液氢储罐和固定液氢储罐技术，约 80%的细分技术处于中试阶段。氢液化技术处于国际跟跑阶段，国内已经实现 5t/d 及以下氢液化装备的国产化，5t/d 以上氢液化装置国产化程度有待提高，预计需要 5～10 年技术研发达到规模化推广应用水平。移动式液氢储罐处于国际跟跑阶段，国内已经实现液氢公路罐车示范应用，但在铁路运输罐车、多式联运 ISO 液氢罐箱仍处于空白，未来应加快液氢质量流量计、液氢液位计量、高性能轻量化绝热材料等关键技术攻关，预计未来 5～10 年可实现规模化推广应用。固定式液氢储罐处于国际跟跑阶段，国内仅实现最大容积不超过 300m^3 圆柱形储罐商业化应用，在 1000 m^3 及以上容积的液氢球罐技术处于空白状态，未来需要对高真空多层绝热结构工程现场施工、镀银玻璃微球绝热等技术加快攻关，预计需要 5～10 年技术研发达到规模化推广应用水平。

材料储氢技术包括固态储氢和液态材料储氢技术，约 60%的细分技术处于中试阶段。固态储氢技术已实现工业示范，整体处于领跑或并跑水平，其中稀土储氢、固溶体储氢、物理吸附固态储氢技术处于并跑水平，钛系、镁基、配位氢化物储氢技术处于国际领先水平，未来高容量、长寿命、高储放速率的固态储氢材料和系统是主要攻关方向，预计未来5～10 年有望实现技术突破，达到规模化推广应用水平。液态材料储氢技术处于中试与商业化示范阶段，整体达到国际先进水平，其中苯系芳烃类储氢技术国内外已实现商业化应用，杂环芳烃类储氢技术处于中试向工业化过渡阶段，我国商业化推广进程处于世界领先水平，未来需进一步降低放氢能耗，提高储氢密度，对储放氢催化剂与载体装置加大技术攻关，预计 5 年后可达到规模化推广应用水平。

管道运输技术包括天然气掺氢技术和纯氢管道运输技术，约 54%的细分技术处于中试阶段。天然气掺氢输送技术处于中试阶段，整体处于跟跑阶段，我国已经实现 3%安全掺氢比例的技术验证，并开展 10%～20%掺氢示范，未来需在高掺氢比、高钢级管材、长距离输送管道的材质相容性评价方法、设备适应性分析、管道运行检测等方面开展技术攻关，预计需要 15 年以上达到规模化推广应用水平。纯氢管道运输技术整体处于中试阶段，整体技术落后于国际水平，国内已累计实现 100 公里纯氢管道应用，未来需重点攻克高钢级、高组织和性能均匀性、高抗氢脆的管材技术，并在焊接工艺、密封材料、高分子涂层材料与安全评价体系和监测系统方面持续技术攻关，预计需要 15 年以上技术攻关可实现规模化推广应用。

转运技术包含长管拖车技术和低温槽车技术，约 54%的细分技术处于中试阶段。长管拖车技术成熟度较高并已实现商业化应用，处于国际并跑水平，其中 20MPa 长管拖车技术已经实现商业化应用，30MPa 长管拖车技术处于工业示范阶段，50MPa 长管拖车技术仍处于概念阶段，除长管拖车压力等级外，未来仍需在高强度碳纤维、涉氢管路阀门等方面展开技术攻关，预计 5 年后 30MPa 等级的长管拖车技术实现规模化推广应用，5～10 年后 50MPa 长管拖车技术实现规模化推广应用。低温槽车技术处于中试阶段，与国际水平存在差距，国内仅在航天发射场内部使用，未来需重点研究低温绝热技术与液氢高效转注工程化技术，提升整体系统装备智能化水平，预计 5 年后有望实现规模化推广应用。

加氢站装备与集成技术包括加氢机、氢气压缩机、液氢增压泵及气化器、加氢站工艺集成与控制技术，约 22%的细分技术达到工业示范水平。35MPa 加氢机技术已实现工业示范，处于国际领跑水平，未来 5 年有望实现规模化应用；70MPa 加氢机与液氢加氢机技术均处于研发阶段，未来需加大低阻力、高精度、快速响应的零部件技术攻关，预计需要 5～10 年达到规模化推广应用水平。氢气压缩机技术均处于跟跑水平，隔膜式和液驱式压缩机分别处于工业示范和中试阶段，预计需要 5～10 年技术研发可达到规模化推广应用水平；离子液体压缩机尚处于中试阶段，预计需 10 年以上达到规模化推广应用水平。液氢增压泵及汽化器技术分别处于基础研究及中试阶段，整体处于跟跑阶段，预计需要 5～10 年技术研发可达到规模化推广应用水平。加氢站工艺集成与控制技术处于基础研究阶段，整体处于跟跑水平，未来 10 年有望实现技术突破。

3.3 氢能原料与动力技术

氢能原料与动力技术主要包括 3 项子类技术、12 项亚类技术及 69 项细分技术，总体成熟度偏低，仅部分燃料电池技术、氢燃烧技术实现工业示范。我国在该领域技术整体与国际先进水平相近，但固体氧化物燃料电池、氢氨燃气轮机等亚类技术与国际水平存在差距。相关技术成熟度评估结果见图 3-3。

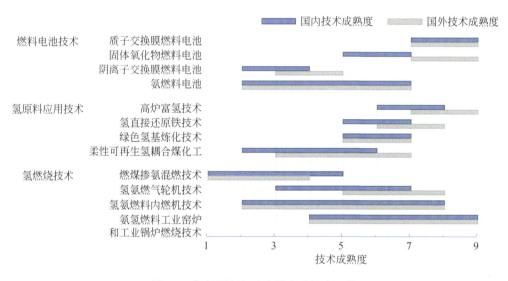

图 3-3　氢能原料与动力技术成熟度评估

燃料电池技术主要应用于交通与发电领域，包括质子交换膜燃料电池、固体氧化物燃料电池、阴离子交换膜燃料电池和氨燃料电池技术，约 44% 细分技术已实现工业示范水平。质子交换膜燃料电池技术在交通、电力等行业已处于工业示范或商业应用阶段，整体接近国际先进水平，需进一步提升质子交换膜等关键材料初始性能及耐久性能，预计未来 3～5 年可完全实现商业化应用。固体氧化物燃料电池处于中试阶段，落后于国际水平，需面向长寿命、高可靠、低成本、高效率系统开发，提升电堆关键材料及系统组件性能，预计未来 5～10 年可实现技术突破。阴离子交换膜燃料电池处于基础研究阶段，整体与国际水平并跑，需开发高性能和稳定性的关键材料、零部件与示范装置，预计需要 15 年以上技术攻关达到规模化推广应用水平。氨燃料电池技术整体处于并跑水平，其中，氨-氢燃料电池已实现工业示范，需持续攻关高性能低温氨分解制氢催化剂及反应器成套技术，预计需要 3～

5 年可达到规模化推广应用水平；直接氨碱性膜和直接氨固体氧化物燃料电池技术均处于基础研究阶段，需进一步提升氨氧化催化剂、阴离子交换膜性能、膜电极工艺制备技术和电池/堆组装技术，预计需要 15 年以上技术攻关可达到规模化推广应用水平。

氢原料应用技术主要应用于工业领域，包括高炉富氢技术、氢直接还原铁技术、绿色氢基炼化技术和柔性可再生氢耦合煤化工技术，约 16%细分技术达到工业示范水平。高炉富氢和氢直接还原铁技术均处于中试阶段，处于国际跟跑水平，需重点突破气基竖炉工艺、装备、材料国产化，以及氢在氧气高炉和气基竖炉上的安全使用，预计 5～10 年达到规模化推广应用水平。绿色氢基炼化技术处于中试阶段，与国际处于并跑水平，需开展分离系统智能优化、蒸汽动力系统优化技术、低温余热资源利用等技术研究，实现工艺装置的节能降碳，预计需要 5～10 年研发达到规模化推广应用水平。柔性可再生氢耦合煤化工技术处于工业示范阶段，整体处于跟跑水平，需持续提升系统预测、优化和整体协调能力，解决波动性问题，预计需 5 年以上技术攻关达到规模化推广应用水平。

氢燃烧技术主要应用于电力和建筑领域，包括燃煤掺氨混燃技术、氢氨燃气轮机技术、氢氨燃料内燃机技术、氢氨燃料工业窑炉和工业锅炉燃烧技术，约 14%细分技术达到工业示范及以上水平。燃煤掺氨混燃技术处于基础研究阶段，与国际水平相比处于并跑状态，需持续攻关掺氨气固两相燃烧器设计、煤粉掺氨燃烧污染物控制技术等关键技术，预计未来 10～15 年可实现技术突破。氢氨燃气轮机技术处于基础研究阶段，在燃烧室设计、燃烧稳定性调控、污染物控制和高性能金属材料制备等方面落后于国外，预计需 10～15 年技术研发可实现规模化推广应用。氢氨燃料内燃机技术处于中试阶段，整体接近国际水平，需加快研发氢泵、高压氢喷射器件、增压器等核心零部件，预计需 15 年以上技术攻关达到规模化推广应用水平。氨氢燃料工业窑炉和工业锅炉燃烧技术成熟度差异较大，建材窑炉氨氢燃烧、金属制造与加工工业窑炉氨氢燃烧技术均处于工业示范阶段，处于国际领跑水平，需提升氨燃烧器的点火稳定性和燃烧稳定性，未来 5 年有望达到规模化推广应用水平；工业锅炉氨氢燃烧技术处于中试阶段，处于国际并跑水平，在大比例掺氢燃烧、掺氨燃烧规模化放大方面与国外存在差距，预计需 10～15 年研发达到规模化推广应用水平。

3.4 机遇与挑战

3.4.1 机遇

（1）氢能是未来国家能源体系的重要组成部分。我国具有丰富的可再生能源资源，在双碳目标的愿景下，我国未来能源体系将持续向清洁化、智能化和多元化发展，高比例可再生能源的应用为氢能提供了更加广阔的市场空间。氢能可以发挥其作为可再生能源规模化高效利用的重要载体作用及其大规模、长周期储能优势，促进异质能源跨地域和跨季节优化配置，推动形成多元互补融合的现代能源供应体系。

（2）氢能是用能终端实现绿色低碳转型的重要载体。工业、交通等难减排行业的能耗和排放较高、可选择的减排手段相对有限，清洁氢是上述行业脱碳的少数关键选择，也是其实现绿色低碳转型的重要载体。加强氢能的绿色供应，因地制宜引导氢能的多元应用，可以在有效推动工业、交通等行业绿色低碳发展的同时，提升我国能源安全水平。

（3）氢能产业是战略性新兴产业和未来产业重点发展方向。氢能产业具有长产业链程、多领域交叉、高技术门槛等特点。目前，我国氢能产业已经具备了一定的技术基础和产业积累，持续加强氢能产业创新体系建设，加快突破氢能核心技术和关键材料瓶颈，对加快我国能源技术新产品、新业态、新模式培育，构建绿色低碳产业体系具有重要意义。氢能将成为产业转型升级的新增长点，为经济高质量发展注入新动能。

3.4.2 挑战

（1）技术及经济性有待突破。我国氢能产业链多项核心技术相较国际水平仍存在一定差距，多项技术工艺对外依存度较高，自主研发能力需要进一步提高。同时，高昂的成本是目前清洁低碳氢商业化推广主要的限制因素，实现全链条技术成本的持续下降是终端大规模用氢的前提。当前可再生能源制氢的成本为传统化石能源制氢的 $2\sim4$ 倍，持续推进技术研发和产业示范，尽早实现可再生能源制氢与化石能源制氢的平价迫在眉睫。

（2）产业统筹与示范亟须加强。总体来看，我国氢能产业仍处于发展初期，产业发展形态和发展路径需要通过项目试点示范进一步探索明晰。然而，当前部分地方氢能产业建设质量有待进一步提高，盲目跟风、同质化竞争、低水平建设的现象频发，与本地产业现状、区域资源禀赋优势的结合不够充分，对用氢终端的规划考虑不够全面，亟须科学的产业布局规划引导。

（3）人才队伍供给不够充分。氢能产业链条长、学科交叉广、技术门槛高，对高水平复合型人才的需求尤为迫切。当前，我国氢能人才数量相对有限、结构相对单一，相关人才跨学科、跨行业背景较为薄弱，难以满足氢能产业的发展需要。同时，相关人才培养机制不够完善，氢能相关专业培养缺乏系统性，跨学科交叉内容相对有限，产学研结合不够紧密。此外，氢能领域研究、应用的创新激励机制不足，阻碍了相关的核心技术攻关和示范产业落地。

（4）标准体系有待完善。相关技术装备存在短板、应用场景开发示范不足等因素导致我国氢能产业标准体系建设仍不完善，氢能类别标准认定、氢能产品检测认证、氢安全风险评估等方面仍然缺乏系统、科学的标准规范，对推动产业发展和技术迭代造成了一定阻碍。

4

氢能技术发展路径

4.1 总体目标与发展思路

按照现有政策、技术发展和可再生能源制氢成本预测及展望，在 2060 年碳中和愿景下，到 2030 年和 2060 年，氢气年需求量将分别达到 3700 万～4200 万 t/a 和 1 亿～1.8 亿 t/a，可再生氢占比分别达到 8%～15% 和 75%～90%，包括可再生氢在内的清洁氢制备成本将分别降到 7～25 元/kg 和 5～10 元/kg，氢能存储与输配成本分别降至 3～12 元/kg 和 2～7 元/kg，加氢成本降至 4～7 元/kg 和 3～4 元/kg。

结合应用场景、技术成本和未来中国能源转型需求，在 2060 年碳中和愿景下，氢能在燃料电池技术、氢原料应用技术、氢燃烧技术领域的应用规模均有较大增幅（图 4-1），并在航运、航空、其他重工业和电力储能领域逐步拓展新的应用场景。总体上有望在 2030 年之前完成技术链和产业链铺垫和布局，在 2035 年之后进入快速增长期。

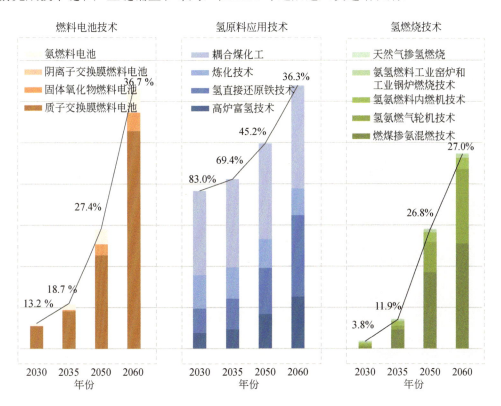

图 4-1 近中远期氢能发展路径

图中百分数为节点年份应用技术用氢规模占节点年份总用氢规模比例

2025～2030 年，积极推进电解槽效率提升和成本下降，加快部署交通和工业领域的清洁氢示范应用，积极推进电力系统的燃氢发电技术研发。支持新一代碱性和质子交换膜电解水制氢、70MPa 车载储氢瓶、天然气掺氢、70MPa 加氢机、质子交换膜燃料电池、绿色灵活化工等技术的集中攻关，积极推进加氢站、氢管网等基础设施建设，有序部署氢能在重卡、城际巴士、可再生氢耦合煤化工、绿色氢基炼化等交通和工业领域的示范项目，积极开展氢能发电领域的技术研发，力争 2030 年达到工业示范及以上水平。

2030～2035 年，推进储运技术进一步降本增效，推动清洁氢在交通、工业和电力领域的商业化应用。支持固体氧化物电解水制氢、纯氢管道运输技术、低温液氢、液态材料储氢技术、地质储氢技术、氢直接还原铁等技术的研发应用，逐步建立完善的氢能产业标准体系，推进清洁低碳氢在高炉冶金、竖炉冶金等领域的项目示范，着手部署氢能在发电与建筑领域的示范项目，力争在 2035 年前实现清洁氢在交通和工业领域的商业化应用。

2035～2050 年，深入推进相关技术研发应用，逐步形成多元化、规模化的用氢格局。支持阴离子交换膜电解水制氢、生物发酵制氢、氢气压缩机、液态材料储氢、氢氨燃气轮机等技术的研发应用，推动清洁低碳氢成本持续降低，持续提高交通、工业、电力、建筑等领域终端用氢的比例，推动氢能与工业、电力、交通融合发展，氢电耦合能源系统和氢基燃料供应体系逐步建立，力争在 2050 年前达到商业化规模应用水平。

2050～2060 年，持续提高新兴技术研发水平，充分发挥可再生氢对低碳发展和产业转型升级的支撑作用。持续支持光解水制氢、热化学循环制氢、船舶储运、阴离子交换膜燃料电池等技术的研发应用，提高柔性可调节终端技术在各场景的应用规模，实现交通和工业等领域的深度脱碳甚至负排放，支撑国内国际贸易平台建设，形成绿色低碳、高端多元的氢能产业体系。

4.2 技术发展路径

成本和技术发展水平是影响氢能技术在终端场景推广应用、决定氢能产业发展进程的关键因素。考虑氢能在交通、工业、电力和建筑四大领域终端的应用需求，本节对氢能制取与转存技术、氢能存储与输配技术以及氢能原料与动力技术等关键技术的发展路径进行趋势研判，并考虑近中远期关键技术发展水平，对合成氨、重型卡车、热电联供等 30 项细分应用场景的技术发展路径进行趋势研判。具体主流技术发展路径及关键指标预测见图 4-2。

4.2.1 关键技术发展路径

1. 氢能制取与转存技术

至 2030 年、2035 年、2050 年和 2060 年，可再生能源制氢规模在氢源结构中占比分别提升到 8%～15%、20%～30%、50%～60% 和 75%～90%，非低碳氢规模占比分别降至 90%、70%、30% 和 20% 以下。电解槽技术方面，碱性电解水制氢的电解能耗在 2030 年降至 45kWh/kgH$_2$ 以下。质子交换膜电解水制氢的膜电极贵金属用量在 2035 年降至 0.2g/kW，同时提升系统宽功率波动范围运行的适应性和稳定性，至 2030 年和 2060 年，其可调功率波动范围需达到 10%～150% 和 10%～170%。固体氧化物电解水制氢需进一步提升其电解堆电流密度，优化设备性能匹配度和使用寿命，至 2030 年和 2060 年，电流密度分别达到 1.5 和 2.0A/cm^2@1.3V。生物制氢技术方面，至 2030 年和 2060 年，制氢规模需达到 100 万 t/a 和 500 万 t/a 左右。

2. 氢能存储与输配技术

至 2030 年，长输管道掺氢比例实现超过 20%。至 2035 年、2050 年和 2060 年，纯氢管道里程需分别突破 3000km、10000 km 和 20000 km，对应的管道压力等级突破 10MPa。氢液化技术方面，单机液化能力在 2035 年、2050 年和 2060 年分别达到 50t/d、80t/d 和 100t/d。液态材料储氢技术方面，至 2030 年和 2060 年，储氢密度分别达到 5.5wt% 和 8.0wt% 以上，放氢率达到 90% 和 95% 以上。此外，50MPa 的长管拖车技术、车载高压气氢技术和地质储氢、1000m^3 以上的大型固定液氢储罐技术需要分别在 2035 年、2050 年和 2060 年实现规模化、产业化应用。

图4-2 2025~2060年各阶段主流技术发展路径及关键指标预测

时间轴：2025年　2030年　2035年　2050年　2060年

分类	2030年	2035年	2050年	2060年
氢能制取与转存	碱性电解水制氢，电解能耗≤48.2kWh/kgH₂	质子交换膜电解水制氢，膜电极贵金属用量≤0.2g/kW	固体氧化物电解水制氢，性能衰减速率≤0.12%/1000h	质子交换膜电解水制氢，实现无人厂区、远端控制、离网电力适配的运行模式
	质子交换膜电解水制氢，电解能耗≤50kWh/kgH₂	固体氧化物电解水制氢，寿命≥40000h	质子交换膜电解水制氢，寿命≥100000h	固体氧化物电解水制氢，设备成本降至2000元/kW，寿命≥80000h
	固体氧化物电解水制氢，电解能耗≤34.69kWh/kgH₂	碱性电解水制氢，关键材料国产化	生物发酵制氢，生物质转化效率≥85%	阴离子交换膜电解水制氢，寿命≥100000h
	氢合成分解技术，合成氨单程转化率≥15.0%	二氧化碳加氢制甲醇，单塔反应器规模≥30万t	煤制氢，实现CO₂近零排放	氨合成分解技术，钌基催化剂Ru载量≤0.5wt%
氢能存储与输配	车载储氢瓶，70MPaⅢ型瓶氢储氢密度≥4.5wt%	天然气掺氢技术，管道压力0.1~10MPa	纯氢管道运输技术，输送里程≥10000km	纯氢管道运输技术，输送里程≥20000km，输送压力≥10MPa
	加氢机技术，35MPa加氢机平均加注速率≥10kg/min	纯氢管道运输技术，输送里程≥3000km	氢气压缩机，多技术路线排气压力≥90MPa	氢液化技术，单机液化能力≥100t/d
	天然气掺氢技术，管道压力0.1~5MPa	液态材料储氢，有效储氢密度≥5.5wt%	氢液化技术，单机液化能力≥80t/d	液态材料储氢，有效储氢密度≥8.0wt%
	纯氢管道运输技术，输送里程≥500km	氢液化技术，单机液化能力≥50t/d	固定液氢储罐，液氢储罐容积≥30000m³	低温槽车技术，转注流量达到75~100m³/h
氢能原料与动力	质子交换膜燃料电池，体积功率密度≥5.0kW/L	固体氧化物燃料电池，发电效率≥63%	氢燃气轮机技术，掺氢比例达到100%	质子交换膜燃料电池，体积功率密度≥8.0kW/L
	柔性可再生氢耦合煤化工，调整下游化工工艺装置配合可再生氢波动调整负荷	柔性可再生氢耦合煤化工，原料煤替代量≥35%	柔性可再生氢耦合煤化工，原料煤替代量≥45%	固体氧化物燃料电池，发电效率≥65%
	固体氧化物燃料电池，单机功率≥300kW	氢直接还原炼铁技术，焦炉煤气氢占比≥60%	质子交换膜燃料电池，质子交换容量达1.6mmol/g	发电用氢燃料单机发电效率≥45%
	氢燃气轮机技术，掺氨比例≥30%	氢燃气轮机技术，掺氨比例≥50%	氨氢燃料电池，直接氨燃料燃料电池功率≥20kW	燃气掺氨混燃技术，掺氨比例0~50%，NOₓ排放浓度≤30mg/Nm³

3. 氢能原料与动力技术

燃料电池技术方面，至 2030 年、2035 年、2050 年和 2060 年，燃料电池用氢占比分别接近 10%、20%、28% 和 37%。其中，质子交换膜燃料电池体积功率密度在 2030 年和 2060 年分别达到 6.0kW/L 和 8.0kW/L；质量功率密度在 2030 年和 2060 年分别达到 0.9kW/kg 与 1.2kW/kg 以上。同时，固体氧化物燃料电池单机功率在 2030 年超过 300 kW，发电效率在 2060 年超过 65%。

原料应用技术方面，至 2030 年、2035 年、2050 年和 2060 年，耦合煤化工、炼化等原料应用技术的用氢占比分别接近 85%、70%、45% 和 36%。至 2035 年，通过柔性可再生氢耦合煤化工技术进行替代的原料煤替代量超过 35%。

氢燃烧技术方面，至 2030 年、2035 年、2050 年和 2060 年，燃烧技术用氢占比分别接近 5%、10%、27% 和 27%。至 2030 年，氢燃气轮机掺氢比达到 50%，发电效率达到 42% 以上，氨燃气轮机掺氨比达到 30%，燃烧效率达到 95% 以上；至 2060 年，掺氢/氨比达到 100%，纯氢燃机发电效率高于 45%，纯氨燃机燃烧效率达到 99% 以上。

4.2.2 细分技术应用场景发展路径

1. 交通部门

氢能在交通部门应用成本竞争力和技术成熟度整体较高，未来将逐步在重型卡车、商用车、船舶、矿用卡车、飞机、铁路机车等领域取得规模化应用。预计 2030 年，多个交通部门氢能应用的技术成熟度在 8~8.5，成本竞争力在 110%~160%，具备快速发展的潜力。至 2035 年前后，交通部门整体成本竞争力与技术成熟度持续提升，涨幅均超过 10%，需加速发展燃料电池在重卡、商用车、船舶、矿用卡车等场景的应用，并积极探索飞机、铁路机车等新型交通工具应用场景。2050 年后，技术成熟度整体超过 8.5，燃料电池在重型卡车、商用车、矿用卡车等场景的应用呈现爆发式增长，并将在飞机、船舶等场景得到规模化应用。

2. 工业部门

清洁氢工业应用的成本竞争力和技术成熟度在短期内相对较低，但将在 2035 年后快速提升，并逐步实现在冶金、炼化、化工等领域的规模化应用。预计 2030 年，氢工业应用的技术成熟度在 7.5～8，至 2035 年、2050 年和 2060 年，成本竞争力将相较前一阶段分别提升 15%、10% 和 15% 左右，技术成熟度水平将分别提升 10%、5% 和 5% 左右，最终达到 8～8.5。在 2050 年前，化石能源制氢将持续作为重要的过渡方案，需加快发展绿色氢基炼化与化工、高炉冶金、竖炉冶金等原料替代技术，并逐步探索热源替代技术。至 2060 年，除部分提供碳源外，化石能源制氢实现基本淘汰，炼化、化工、冶金等场景基本实现可再生氢规模化应用。

3. 电力与建筑部门

电力与建筑部门主要应用氢氨燃气轮机技术和燃料电池技术，未来氢能将在电力系统调峰以及工业园区等场景中发挥重要作用。预计 2030 年，氢氨燃气轮机技术成熟度在 4.5 左右，燃料电池技术成熟度在 8.5 左右。在 2035 年前，可积极发展燃料电池在工业园区、偏远地区等发挥调峰发电、热电联供功能。至 2050 年，氢氨燃气轮机技术成熟度达到 8 左右，用氢规模将超过质子交换膜，成为电力系统供应灵活性资源的关键技术；同时，氢能将在大型工业园区、边疆等偏远地区的建筑部门实现规模化应用。

不同阶段下，细分技术及应用场景发展潜力分析见图 4-3～图 4-6，图中气泡大小代表应用规模大小。

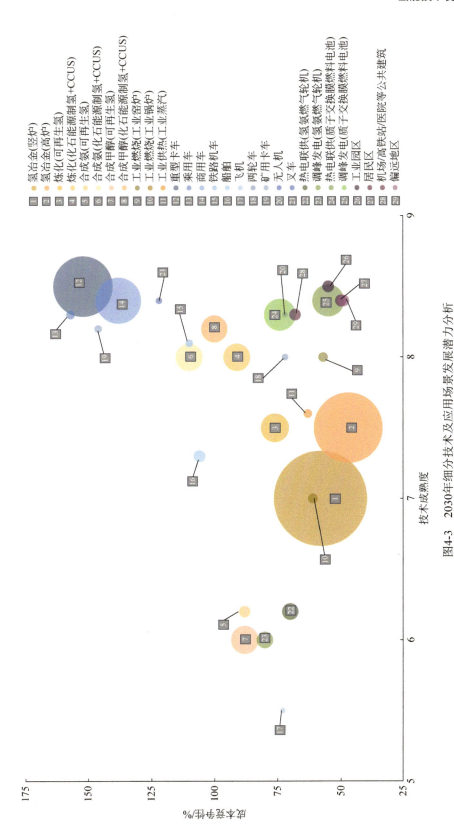

图4-3 2030年细分技术及应用场景发展潜力分析

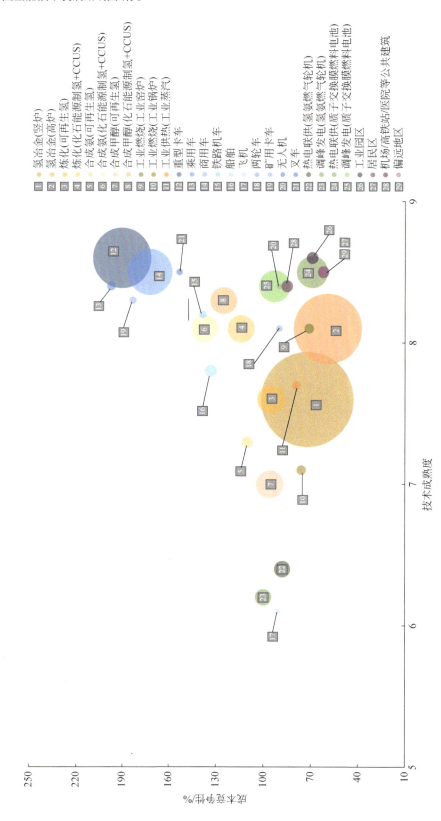

图4-4 2035年细分技术及应用场景发展潜力分析

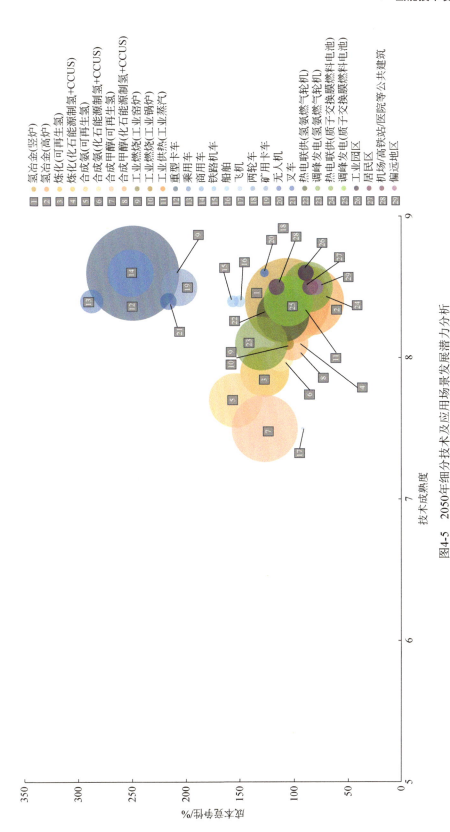

图4-5　2050年细分技术及应用场景发展潜力分析

图例：
1 氢冶金(竖炉)
2 氢冶金(高炉)
3 炼化(可再生氢)
4 炼化(化石能源制氢+CCUS)
5 合成氨(可再生氢)
6 合成氨(化石能源制氢+CCUS)
7 合成甲醇(可再生氢)
8 合成甲醇(化石能源制氢+CCUS)
9 工业燃烧炉
10 工业燃烧(工业窑炉)
11 工业供热(工业锅炉)
12 工业供热(工业蒸汽)
13 重型卡车
14 乘用车
15 商用车
16 铁路机车
17 船舶
18 飞机
19 两轮车
20 矿用卡车
21 无人机
22 叉车
23 热电联供(氢燃气轮机)
24 调峰发电(氢燃气轮机)
25 热电联供(质子交换膜燃料电池)
26 调峰发电(质子交换膜燃料电池)
27 工业园区
28 居民区
29 机场高铁站医院等公共建筑
偏远地区

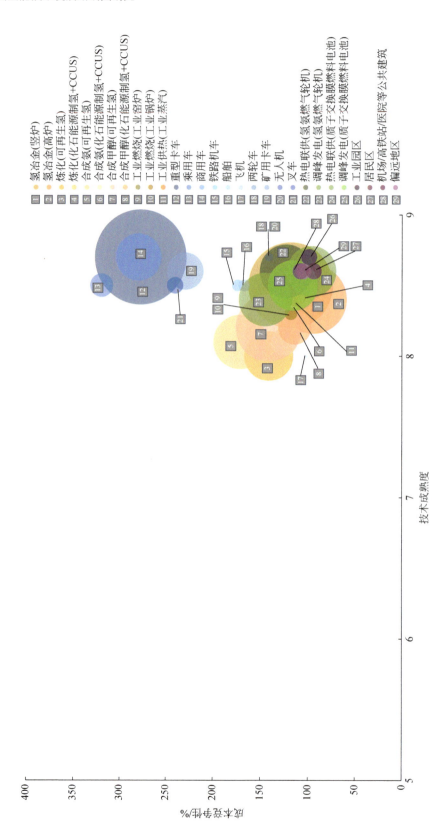

图4-6　2060年细分技术及应用场景发展潜力分析

5

政 策 建 议

中国氢能产业发展态势持续向好，地方政府和企业积极性不断增强，技术自主化水平稳步提高，发展氢能产业具备丰富的资源潜力和广阔的市场需求。为促进中国氢能产业高质量发展，提出以下建议。

5.1   持续加大氢能技术创新支持力度

针对我国当前氢能技术短板和弱项，结合国内外最新进展及未来发展趋势，在加强氢能技术的前瞻性研究部署方面，我国需要加强综合规划和顶层设计，研究制定国家层面的氢能发展技术路线图，对氢能技术研究予以长期稳定支持。

一是建立和完善氢能技术创新体系。构建政府、企业、科研院所等各方面力量协同的氢能技术创新体系，加强产学研用协同合作，切实促进科技成果转化和产业化，鼓励相关方建设国家级能源研发创新平台、重点实验室、全国氢能信息平台等。积极做好"科技金融"大文章，推动氢能领域"科技-产业-金融"深度融合，通过政府科创引导基金、财政补助、科技信贷等加强财政金融的协同。通过培育长期资本和耐心资本，创新信贷产品、科技保险等创新科技金融产品，服务氢能领域技术创新。

二是推动氢能产业链的协同创新。发挥中央财政科研经费、中央预算内投资引导作用，鼓励企业增加对可再生能源制氢技术研发和应用的投入，加强产业链上下游的协同创新，提高氢能生产、储存、运输和利用等各个环节的技术水平和整体效率。建议针对规模化可再生能源制氢技术、氢储能、氢冶金、绿色化工、氢燃料电池、氢燃气轮机等氢能基础理论研究和关键技术研发，鼓励设立多条不同技术路径开展集中攻关和实证示范。建议加快推广氢燃料电池车、氢能电力系统、氢能热电联供等节能低碳新技术，加快用好新技术、新模式、新业态推动相关行业节能减碳。

三是加强基础研究和前沿技术探索。氢能产业的突破性发展，迫切需要在当前技术基础上，加大对氢能相关基础科学、前沿技术和颠覆性技术的探索研究。充分发挥国家科技计划的支持和引导作用，通过国家重点研发计划、重大科技专项、国家自然科学基金重大项目等渠道，聚焦重大核心技术和关键科学问题，加强研究任务部署，明确各阶段重点研究方向，引导相关科研机构和企业推进氢能技术的研发创新。

四是加强氢能技术标准体系研究。制定并完善氢能技术的标准体系，包括技术标准、安全标准、环保标准等，提高氢能技术的规范化水平。依托中国氢能联盟推出的"氢能领跑者行动"，加快出台氢能产业链关键技术与装备检测认证技术规范，建立健全氢能领域标准、计量、检测、认证体系，推进氢能产品检验检测和认证公共服务平台建设。充分发挥企业、高校、协会等各方在标准制定中的作用，强化政府监管。围绕国家发展和改革委员会、国家能源局、国务院国有资产监督管理委员会等组织的示范工程、重大项目，开展氢能标准化试点。

5.2　加快推进氢能先进技术应用试点示范

近年来，我国在科技冬奥、氢能技术等重点专项中，部署了氢能技术研究与示范相关任务。一些地方政府及行业领军企业也把氢能应用作为重点发展方向，建议以此为基础，加快推进清洁低碳氢应用试点示范工作，逐步降低技术应用成本，充分发挥氢能优势。

一是建议设立专项资金支持清洁低碳氢应用试点示范项目。比如设立国家氢能技术示范专项引导资金，支持建设国家级氢能产业示范区，在示范区内集群化布局氢能应用场景，包括钢铁冶金、石油化工、煤化工等行业，建设以"钢化联产"等为代表的循环经济体系，推动产业融合发展。同时，为示范区建设安全、绿色、稳定、高效的氢能供给网络，形成氢能应用的大规模市场，扩大氢能应用范围。

二是建议制定并完善氢能产业的政策法规体系，包括技术标准、产业准入门槛、市场监管机制等，为清洁低碳氢应用试点示范项目提供政策支持和保障。

三是鼓励地方政府积极响应，率先行动。鼓励资源优势地区率先建立清洁低碳氢产业集群，政府在政策上予以支持，吸引和扶持相关企业、机构投资建设清洁低碳氢项目。有条件的可设立绿色氢能产业发展基金，支持本地区清洁低碳氢应用试点示范项目的建设运营。加强对清洁低碳氢应用试点示范项目的宣传和推广，提高公众对氢能技术的认知度和接受度，营造良好社会氛围，推动项目的顺利实施和落地。

5.3 加强氢能产业人才储备，培养复合型人才队伍

中国氢能产业的发展不仅面向社会经济系统低碳转型的需要，也面向未来科技水平提升、人才队伍培养、产业竞争力增强的多方面需要。在氢能产业发展过程中，需要着力培养具有跨学科、跨行业背景的复合型人才队伍。

一是制定多层次人才培养计划。建立氢能科技人才培养的多层次体系，包括本科生、研究生、博士后和专业人才培训等各个层次，以满足不同类型的人才需求。针对氢能产业需求，设计专业化课程和实践项目，包括氢能技术原理、技术应用、安全管理等方面内容，培养学生的专业能力和实践能力。鼓励开展跨学科交叉人才培养，将氢能与新能源、电化学、新材料、经济学等学科相结合，培养具有广阔知识背景和综合能力的复合型人才。

二是将培养氢能科技人才队伍作为国家基础研究和应用基础研究的重要内容。2023年，国家自然科学基金开始试点资助优秀本科生和博士生开展基础研究，此项举措旨在探索和构建成体系、全链条的人才队伍支持和培养机制。建议加大宣传，鼓励优秀青年人才积极投身氢能科研，培育基础研究后备力量，引导青年科技人才将职业发展与国家重大科技战略需求紧密结合。

三是巩固完善创新激励机制。2023年起，国家自然科学基金在国家杰出青年科学基金项目引入滚动资助机制，对考评优秀项目开展长周期延续资助，集中优势资源培育高水平领军人才。建议在氢能技术等相关重点专项中推广上述做法，构建创新激励机制，对于考评优秀的氢能研发项目团队予以长期滚动支持，提高其科研积极性和创新能力。

5.4 强化氢能国际合作，提升氢能技术、产业、标准的国际化水平

能源领域的绿色低碳发展，是世界能源技术革命的新趋势，也是新一轮科技革命和产业变革的重要内容，已经成为世界能源发展大潮。新能源领域的科技创新国际合作是当前

我国能源科技国际合作的重中之重。就氢能技术领域而言，发达国家和地区纷纷制定氢能发展战略，我国需深入推进氢能技术的国际合作，积极借鉴发达国家氢能发展政策支持手段，加快形成适应新时代氢能技术发展趋势的制度安排。

一是建议持续发挥国际氢能技术合作平台的作用。发挥好国际氢能中心、中欧能源技术创新合作专项、中国-国际可再生能源署合作专项、中国氢能联盟等平台的作用，积极参与 ISO 国际氢能协会、国际氢能委员会等组织开展的国际氢能技术交流、产品展览、产业推广活动，加强与其他国家和地区的技术合作，共同推动氢能技术的创新应用。积极参与国际氢能技术创新平台建设，促进全球范围内的资源整合和合作创新，推动氢能技术的国际标准化和产业化进程。

二是促进氢能人才国际交流与培训。充分发挥国家重点研发计划"政府间国际科技创新合作"重点专项、国家自然科学基金委员会合作交流项目等的作用，加强与国际组织、企业和研究机构的合作与交流，借鉴发达国家和地区先进经验和技术，推动我国清洁低碳氢应用试点示范项目的国际化发展，提升国际竞争力。设立人才交流计划，鼓励我国科研人员前往国外顶尖高校、研究机构和企业进行交流学习，同时邀请国外专家、学者来华开展相关交流合作，提升我国氢能技术、产业、标准的国际化水平。充分利用联合国开发计划署氢能产业人才发展示范项目，积极构建氢能职业教育人才培养体系，加快为行业企业培养职业技术人才，构建与完善我国氢能职业教育人才培养体系。

参 考 文 献

《第三次气候变化国家评估报告》编写委员会. 2015. 第三次气候变化国家评估报告. 北京：科学出版社.

《第四次气候变化国家评估报告》编写委员会. 2022. 第四次气候变化国家评估报告. 北京：科学出版社.

《第一次海洋与气候变化科学评估报告》编制委员会. 2019. 第一次海洋与气候变化科学评估报告（三）：积极应对气候变化. 北京：海洋出版社.

樊静丽. 2020. 中国燃煤电厂CCUS项目投资决策与发展潜力研究. 北京：科学出版社.

樊静丽, 张贤. 2020. 能源经济与气候变化系统综合评价：模型与实证. 北京：科学出版社.

樊静丽, 张九天, 张贤. 2019. 中国能源与水耦合关系研究. 北京：科学出版社.

非二氧化碳温室气体减排技术发展研究组. 2023. 非二氧化碳温室气体减排技术发展评估与展望. 北京：中国科学技术出版社.

国家能源局能源节约和科技装备司, 中国氢能联盟. 2024. 中国氢能发展报告2023. 北京：人民日报出版社.

黄晶. 2021. 中国碳捕集利用与封存技术评估报告. 北京：科学出版社.

黄晟, 杨振丽, 李振宇. 2024. 氢产业链发展的路径分析. 化工进展, 43（2）：882-893.

科学技术部社会发展科技司, 中国21世纪议程管理中心. 2019. 中国碳捕集利用与封存技术发展路线图（2019）. 北京：科学出版社.

科学技术部中国21世纪议程管理中心, 技术转移南南合作中心. 2020. 南南合作可再生能源技术转移模式探索. 北京：科学出版社.

李建林, 李光辉, 马速良, 等. 2021. 碳中和目标下制氢关键技术进展及发展前景综述. 热力发电, 50（6）：1-8.

李婷, 刘玮, 等. 2022. 开启绿色氢能新时代之匙：中国2030年"可再生氢100"发展路线图.

李争, 张蕊, 孙鹤旭, 等. 2021. 可再生能源多能互补制-储-运氢关键技术综述. 电工技术学报, 36（3）：446-462.

刘翠伟, 裴业斌, 韩辉, 等. 2022. 氢能产业链及储运技术研究现状与发展趋势. 油气储运, 41（5）：498-514.

刘应都, 郭红霞, 欧阳晓平. 2021. 氢燃料电池技术发展现状及未来展望. 中国工程科学, 23（4）：162-171.

潘光胜, 顾钟凡, 罗恩博, 等. 2023. 新型电力系统背景下的电制氢技术分析与展望. 电力系统自动化, 47（10）：1-13.

谢伏瞻, 庄国泰, 巢清尘, 等. 2021. 气候变化绿皮书：应对气候变化报告（2021）. 北京：社会科学文献出版社.

俞红梅，邵志刚，侯明，等. 2021. 电解水制氢技术研究进展与发展建议. 中国工程科学，23（2）：146-152.

张振扬，解辉. 2023. 液氢的制、储、运技术现状及分析. 可再生能源，41（3）：298-305.

中国长期低碳发展战略与转型路径研究课题组，清华大学气候变化与可持续发展研究院. 2021. 读懂碳中和：中国 2020—2050 年低碳发展行动路线图. 北京：中信出版集团.

中国氢能联盟.2023a. 中国氢能源及燃料电池产业发展报告 2022.

中国氢能联盟.2023b. 中国氢能源及燃料电池产业数据手册 2022.

邹才能，李建明，张茜，等. 2022. 氢能工业现状、技术进展、挑战及前景. 天然气工业，42（4）：1-20.

Arnaiz del Pozo C，Cloete S，et al. 2021. Carbon-negative hydrogen: Exploring the techno-economic potential of biomass co-gasification with CO_2 capture. Energy Conversion and Management，247：114712.

Ayodele T R，Munda J L. 2019. Potential and economic viability of green hydrogen production by water electrolysis using wind energy resources in South Africa. International Journal of Hydrogen Energy，44（33）：17669 -17687.

Bauer C，Treyer K，Antonini C，et al. 2022. On the climate impacts of blue hydrogen production. Sustainable Energy & Fuels，6（1）：66-75.

Buck H J，Carton W，Luncl J，et al. 2023. Why residual emissions matter right now. Nature Climate Change，13（4）：4.

Cader J，Koneczna R，Olczak P. 2021. The impact of economic，energy，and environmental factors on the development of the hydrogen economy. Energies，14（16）：16.

Cavalett O，Watanabe，et al. 2024. Paving the way for sustainable decarbonization of the European cement industry. Nature Sustainability，7：568-580.

Chen Q，Lv M，Gu Y，et al. 2018. Hybrid energy system for a coal-based chemical industry. Joule，2（4）：607-620.

Dubash N K，Hagemann M，Höhne N，et al. 2013. Developments in national climate change mitigation legislation and strategy. Climate Policy，13（6）：649-664.

El-Emam R S，Özcan H. 2019. Comprehensive review on the techno-economics of sustainable large-scale clean hydrogen production. Journal of Cleaner Production，220：593-609.

Fan Z，Friedmann S J. 2021. Low-carbon production of iron and steel: Technology options，economic assessment，and policy. Joule，5（4）：829-862.

Franco B A，Baptista P，Neto R C，et al. 2021. Assessment of offloading pathways for wind-powered offshore hydrogen production: Energy and Economic Analysis. Applied Energy，286：116553.

Fu X，Cheng J，Peng L，et al. 2024. Co-benefits of transport demand reductions from compact urban development in Chinese cities. Nature Sustainability，7：294-304.

Gallagher K S，Zhang F，Orvis R，et al. 2019. Assessing the policy gaps for achieving China's climate targets in the Paris Agreement. Nature Communications，10（1）：1256.

George J F，Müller V P，et al. 2022. Is blue hydrogen a bridging technology? - The limits of a CO_2 price and the role of state-induced price components for green hydrogen production in Germany. Energy Policy，167：113072.

Griffiths S，Sovacool B K，Kim J，et al. 2021. Industrial decarbonization via hydrogen：A critical and systematic review of developments，socio-technical systems and policy options. Energy Research & Social Science，80：102208.

Guo Y，Peng L，Tian J，et al. 2023. Deploying green hydrogen to decarbonize China's coal chemical sector. Nature Communications，14：8104.

He G，Mallapragada D S，Bose A，et al. 2021. Sector coupling via hydrogen to lower the cost of energy system decarbonization. Energy & Environmental Science，14（9）：4635-4646.

Howarth R W，Jacobson M Z. 2021. How green is blue hydrogen? Energy Science & Engineering，9（10）：1676-1687.

Hurtubia B，Sauma E. 2021. Economic and environmental analysis of hydrogen production when complementing renewable energy generation with grid electricity. Applied Energy，304：117739.

IEA. 2022. Opportunities for Hydrogen Production with CCUS in China. https://www.iea.org/reports/opportunities-for-hydrogen-production-with-ccus-in-china.

IEA. 2023a. Global Hydrogen Review 2023-Analysis. https://www.Iea.org/reports/global-hydrogen-review-2023.

IEA. 2023b. Hydrogen Patents for a Clean Energy Future. https://www.iea.org/reports/hydrogen-patents-for-a-clean-energy-future.

IEA. 2023c. Towards hydrogen definitions based on their emissions intensity. https://www.iea.org/reports/towards-hydrogen-definitions-based-on-their-emissions-intensity.

IRENA. 2022. Accelerating hydrogen deployment in the G7：Recommendations for the Hydrogen Action Pact. https://www.irena.org/Publications/2022/Nov/Accelerating-hydrogen-deployment-in-the-G7.

IRENA. 2023a. Innovation Outlook：Renewable Ammonia. https://www.irena.org/Publications/2022/May/Innovation-Outlook-Renewable-Ammonia.

IRENA. 2023b. International trade and green hydrogen：Supporting the global transition to a low-carbon economy. https://www.irena.org/Publications/2023/Dec/International-trade-and-green-hydrogen-Supporting-the-global-transition-to-a-low-carbon-economy.

IRENA. 2023c. Water for hydrogen production. https://www.irena.org/Publications/2023/Dec/Water-for-hydrogen-production.

IRENA. 2024. Green hydrogen for sustainable industrial development：A policy toolkit for developing countries. https://www.irena.org/Publications/2024/Feb/Green-hydrogen-for-sustainable-industrial-development-A-policy-toolkit-for-developing-countries.

Lazarou S，Vita V，Diamantaki M，et al. 2018. A simulated roadmap of hydrogen technology contribution to climate change mitigation based on Representative Concentration Pathways considerations. Energy Science &

Engineering，6（3）：116-125.

Liu Z，Deng Z，He G，et al. 2022. Challenges and opportunities for carbon neutrality in China. Nature Reviews Earth & Environment，3（2）：141-155.

Meng X，Chen M，Gu A，et al. 2022. China's hydrogen development strategy in the context of double carbon targets. Natural Gas Industry B，9（6）：521-547.

O'Rourke P，Mignone B K，Kyle P，et al. 2023. Supply and demand drivers of global hydrogen deployment in the transition toward a decarbonized energy system. Environmental Science & Technology，57（48）：19508-19518.

Oshiro K，Fujimori S. 2024. Limited impact of hydrogen co-firing on prolonging fossil-based power generation under low emissions scenarios. Nature Communications，15：1778.

Parkinson B，Balcombe P，et al. 2019. Levelized cost of CO_2 mitigation from hydrogen production routes. Energy & Environmental Science，12（1）：19-40.

Purmer A. 2024. Sharing is vital to a healthy hydrogen safety culture. Nature Energy，9：505.

Sgobbi A，Nijs W，De Miglio R，et al. 2016. How far away is hydrogen? Its role in the medium and long-term decarbonisation of the European energy system. International Journal of Hydrogen Energy，41（1）：19-35.

Tonelli D，Rosa L，Gabrielli P，et al. 2023. Global land and water limits to electrolytic hydrogen production using wind and solar resources. Nature Communications，14（1）：1.

World Economic Forum. 2023. Green Hydrogen in China：A Roadmap for Progress. Retrieved from https://www.weforum.org/whitepapers/green-hydrogen-in-china-a-roadmap-for-progress/.

Xiang P，He C，Chen S，et al. 2023. Role of hydrogen in China's energy transition towards carbon neutrality target：IPAC analysis. Advances in Climate Change Research，14（1）：43-48.

Yang X，Nielsen C P，Song S，et al.2022. Breaking the hard-to-abate bottleneck in China's path to carbon neutrality with clean hydrogen. Nature Energy，7：955-965.

Zhang X，Wang J，Cao Z，et al. 2021. What is driving the remarkable decline of wind and solar power curtailment in China? Evidence from China and four typical provinces. Renewable Energy，174：31-42.

Zhen Z，Li B，Ou X，et al. 2024. How hydrogen can decarbonize the chemical industry in China：A review based on the EIC-TER industrial assessment framework. International Journal of Hydrogen Energy，60：1345-1358.

Zhen Z，Ou X，Wang Y，et al. 2024. Assessing transition pathways of hydrogen production in China with a probabilistic framework. Environmental Science & Technology，58（30）：13263-13272.

Zhen Z，Wang Y，Wang Y，et al. 2023. Hydrogen production paths in China based on learning curve and discrete choice model. Journal of Cleaner Production，415：137848.

Zhou X，Li T，Chen R，et al. 2024. Ammonia marine engine design for enhanced efficiency and reduced greenhouse gas emissions. Nature Communications，15：2110.

附　　录

附录1　技术清单

氢能技术大类、子类、亚类及细分清单见附表1~附表4。

附表1　氢能技术清单

技术大类	技术子类	技术亚类
氢能制取与转存技术	电解水制氢技术	ALK 电解水制氢
		PEM 电解水制氢
		SOEC 电解水制氢
		AEM 电解水制氢
	化石能源制氢技术	煤制氢
		天然气重整/裂解
	生物制氢技术	生物发酵制氢
		厌氧发酵重整联合制氢
	氢转存技术	氨合成/分解技术
		甲醇氢合成/分解技术
		二氧化碳加氢制甲醇技术
	前沿制氢技术	热化学循环制氢（两步法）
		热化学循环制氢（二步法）
		光解水技术
氢能存储与输配技术	高压储氢技术	车载储氢瓶
		高压固定储罐
		地质储氢
	低温液氢技术	氢液化技术
		移动液氢储罐
		固定液氢储罐
	材料储氢技术	液态材料储氢技术
		固态储氢（物理吸附储氢、化学吸附储氢）
	管道运输技术	天然气掺氢技术
		纯氢管道运输技术

技术大类	技术子类	技术亚类
氢能存储与输配技术	转运技术	长管拖车技术
		低温槽车技术
	加氢站装备与集成	加氢机
		氢气压缩机
		液氢增压泵及汽化器
		加氢站工艺集成与控制
氢能原料与动力技术	燃料电池技术	质子交换膜燃料电池
		固体氧化物燃料电池
		阴离子交换膜燃料电池
		氨燃料电池
	氢原料应用	高炉富氢技术
		氢直接还原铁技术
		绿色氢基炼化技术
		柔性可再生氢耦合煤化工
	氢燃烧技术	燃煤掺氨混燃技术
		氢氨燃气轮机技术
		氢氨燃料内燃机技术
		氢氨燃料工业窑炉和工业锅炉燃烧技术
氢能共性支撑技术	本征安全	临氢材料
		系统与工艺
		临氢装备健康状态监测技术
		临氢装备安全认证
	氢安全防护技术	氢气泄漏检测技术
		氢气积聚防控技术
		氢自燃与点燃防控技术
		氢气爆炸防控技术
		氢气火灾防控技术
		储氢容器超压保护
	设计与检测技术	仿真软件
		测试方法
		实验设备
		分析检测技术
	能源安全技术	氢资源探测技术
		能源供给技术

附表 2　氢能制取与转存技术

技术子类	技术亚类	细分技术
电解水制氢技术	ALK 电解水制氢	编织隔膜
		复合隔膜
		阳极电极
		阴极电极
		流场件
		双极板
		密封件
		端板
		螺栓
		碟簧
	PEM 电解水制氢	质子交换膜
		阳极 Ir 催化剂
		阴极 Pt/C 催化剂
		扩散层
		双极板
		端板
		密封材料
	SOEC 电解水制氢	单电解池
		连接体
		电解堆
		系统高温热部件
		制氢系统
		系统设计
	AEM 电解水制氢	AEM 膜
		阳极催化剂
		阴极催化剂
		碳纸/碳布
		流场件
		双极板
		端板
		密封材料

技术子类	技术亚类	细分技术
化石能源制氢技术	煤制氢	煤气化
		水煤气变换
		气体净化
		CCS
	天然气重整/裂解	蒸汽重整 SMR
		干重整 DMR
		部分氧化重整 POMR
		自热重整 ATMR
		催化裂解
生物制氢技术	生物发酵制氢	功能微生物
		持续产氢方法
		预料预处理技术
		反应器设计
	厌氧发酵重整联合制氢	厌氧发酵
		甲烷重整制氢
氢基衍生物转存技术	甲醇氨合成/分解技术	合成氨催化剂
		合成氨反应器
		大规模可再生能源电解水制氢合成氨
		氨分离技术
		高温氨分解催化剂
		低温氨分解催化剂
		氨分解反应器
		气体纯化
		集中式甲醇制氢技术
		分布式甲醇制氢催化剂
		分布式甲醇制氢反应器
		分布式甲醇制氢系统集成
	二氧化碳加氢制甲醇技术	催化剂
		反应器
		工艺
前沿制氢技术	热化学循环制氢	
	光解水技术	

附表 3　氢能存储与输配技术

技术子类	技术亚类	细分技术	
高压储氢技术	车载储氢瓶	35MPa 氢气瓶	
		70MPa 氢气瓶	
		35MPa 氢系统	
		70MPa 氢系统	
	高压固定储罐	钢质固定储氢容器	
		Ⅰ型、Ⅱ型固定瓶组	
		Ⅲ型固定瓶组	
		Ⅳ型固定瓶组	
	地质储氢	盐穴储氢	
		含水层储氢	
		枯竭油气藏储氢	
		废弃矿洞储氢	
低温液氢技术	氢液化技术	氢液化装置	≤5TPD
			5～30TPD
			>30TPD
	移动液氢储罐	液氢阀门	
		安全控制阀	
		液氢质量流量计	
		液氢液位计量	
		高性能轻量化绝热材料	
	固定液氢储罐	液氢阀门	
		安全控制阀	
		液氢质量流量计	
		液氢液位计与传感器	
		多层绝热工程施工	
		玻璃微球绝热	
		绝热性能监测	

技术子类	技术亚类	细分技术
材料储氢技术	液态材料储氢技术	苯系芳烃类储氢载体
		杂环芳烃类储氢载体
		储氢催化剂
		放氢催化剂
		储放氢装置（苯系芳烃）
		储放氢装置（杂环芳烃类）
	固态储氢（物理吸附储氢、化学吸附储氢）	钛系储氢
		镁基储氢
		硼氢化钠储氢
		配位氢化物
		物理吸附储氢
管道输送技术	天然气掺氢技术	在役天然气管道输氢适应性评价技术
		中高压纯氢/掺氢输送管道示范应用技术
		纯氢/掺氢管道风险监检测及管控技术
		输氢工艺和装备可靠性评价
		天然气掺氢计量技术
		天然气掺氢计量检定校准标准装置
		天然气掺氢分析技术
		天然气掺氢分析溯源技术
		掺氢天然气纯化技术
	纯氢管道运输技术	管材
		焊接
		阀门
		密封技术
		防腐涂层
		监测系统
		检测仪表
		控制系统

续表

技术子类	技术亚类	细分技术
管道输送技术	纯氢管道运输技术	压缩机
		管道运维
运输技术	长管拖车技术	瓶体
		底盘
		碳纤维
		树脂
		管路阀门
		安全附件
	低温槽车技术	罐体
		动力驱动形式
		槽车智能化
		转注性能
		元器件配套
加氢站装备与集成	加氢机	35MPa 加氢机
		70MPa 加氢机
		液氢加氢机
	氢气压缩机	隔膜式压缩机
		液驱式压缩机
		离子液体压缩机
	液氢增压泵及汽化器	液氢泵
		气化器
	加氢站工艺集成与控制	

附表 4　氢能原料与动力技术

技术子类	技术亚类	细分技术 1	细分技术 2
燃料电池技术	质子交换膜燃料电池	乘用车	
		商用车	
		发电能源	
		质子交换膜燃料电池关键材料	

技术子类	技术亚类	细分技术1	细分技术2
燃料电池技术	氨燃料电池	"氨-氢"燃料电池	
		直接氨碱性（碱性膜）燃料电池	
		直接氨固体氧化物燃料电池	
氢原料应用	高炉富氢技术	制氢方法	甲烷制备富氢气
			煤制气制备富氢气
			水电解制氢
		氢气使用技术	富氢煤气加热技术
			氢气加压技术
			防爆防泄漏技术
		富氢气体或氢气的喷吹装置	风口喷吹天然气或焦炉煤气
			风口同时喷吹煤粉和富氢气体
			风口单喷 H_2
		氧气高炉富氢还原工艺及设备	
	氢直接还原铁技术	富氢还原竖炉结构	
		氢气竖炉工艺及关键设备	
		上料/下料防止泄漏技术	
	绿色氢基炼化技术		
	柔性可再生氢耦合煤化工	新型控制系统	
		全国氢储运网络	
		制氢技术	
		氢储运技术	
		新型煤气化技术	
氢燃烧技术	燃煤掺氨混燃技术	掺氨燃烧气固两相燃烧器	
		气固两相掺混燃料强化燃烧技术	
		污染物生成规律预测模型	
		智能一体化给氨技术	
	氢氨燃气轮机技术	掺氢及纯氢燃烧技术	
		掺氨燃烧技术	
		排放控制技术	

技术子类	技术亚类	细分技术 1	细分技术 2
氢燃烧技术	氢氨燃气轮机技术	材料技术	
		数字化技术	
		节能技术	
		减振降噪技术	
		试验验证技术	
	氢氨燃料内燃机技术	氢喷嘴-1 高压	
		氢喷嘴-2 低压	
		专用增压器	
		专用机油	
		曲轴箱通风	
		高能点火器	
		氨喷射器-低压	
		氨喷射器-高压	
		高压氢泵	
		高压氨泵	
		氨重整制氢系统	
		氨重整制氢催化剂	
		尾气余热回收重整技术	
		污染物 NO_x 及未燃 NH_3 处理技术	
	氨氢燃料工业窑炉和工业锅炉燃烧技术	建材窑炉氨氢燃烧技术	液氨蒸发器
			氨气供应及控制系统
			燃烧器
			SCR 脱硝
			残余氨在线检测仪
			氮氧化物检测
		金属制造与加工工业窑炉氨氢燃烧技术	氢氨供给系统
			氢氨燃烧器
			高温高湿环境的烟气监测装置
			烟气 SCR 脱硝置
			窑炉控制系统

技术子类	技术亚类	细分技术 1	细分技术 2
氢燃烧技术	氨氢燃料工业窑炉和工业锅炉燃烧技术	工业锅炉氨氢燃烧技术	锅炉燃气掺氢混燃
			锅炉燃气掺氨混燃
			层燃炉煤掺氢混燃
			层燃炉煤掺氨混燃

附录 2　技术成熟度评价标准及细则

技术成熟度（Technology Readiness Level，TRL）评价方法根据科研项目的研发规律，把发现基本原理到实现产业化应用的研发过程划分为 9 个标准化等级（附表 5），每个等级制定量化的评价细则，对科研项目关键技术的成熟程度进行定量评价。

附表 5　技术成熟度标准化等级

等级	等级描述	等级评价标准	评价依据
1	发现基本原理	基本原理清晰，通过研究，证明基本理论是有效的	核心论文、专著等 1～2 篇（部）
2	形成技术方案	提出技术方案，明确应用领域	较完整的技术方案
3	方案通过验证	技术方案的关键技术、功能通过验证	召开的技术方案论证会及有关结论
4	形成单元并验证	形成了功能性单元并证明可行	功能性单元检测或运行测试结果或有关证明
5	形成分系统并验证	形成了功能性分系统并通过验证	功能性分系统检测或运行测试结果或有关证明
6	形成原型并验证	形成原型（样品、样机、方法、工艺、转基因生物新材料、诊疗方案等）并证明可行	研发原型检测或运行测试结果或有关证明
7	现实环境的应用验证	原型在现实环境下验证、改进，形成真实成品	研发原型的应用证明
8	用户验证认可	成品经用户充分使用，证明可行	成品用户证明
9	得到推广应用	成品形成批量、广泛应用	批量服务、销售、纳税证据

附录 3　国外氢能相关政策清单

国外氢能相关政策清单见附表 6。

附表 6　国外氢能相关政策清单

序号	国家	政策名称	政策摘要
1	阿尔及利亚	氢能发展路线图（2023）	到 2040 年，阿尔及利亚计划为欧洲市场提供 10%的氢气需求，并出口 30~40TWh 的气态和液态氢及其衍生物。路线图分为三个阶段：启动阶段（2023~2030 年）、扩张与市场创建阶段（2030~2040 年）、工业化和市场竞争力提升阶段（2040~2050 年）。此外，获得外国融资和培养国际战略伙伴关系也是路线图的重点。
2	阿根廷	氢经济发展国家战略（2023）	该战略要求，到 2050 年阿根廷每年生产至少 500 万 t 低排放氢气，其中 400 万 t 用于出口，100 万 t 用于国内市场，以实现当前氢应用部门的脱碳并满足新兴需求（如合成燃料）。实现这些目标需要安装至少 30GW 的电解槽产能和 55GW 的额外可再生能源产能。氢气生产将围绕 5 个生产中心展开，并改造 2~5 个港口以支持氢气出口。此外，阿根廷正在进行氢经济战略环境评估（SEA）以确保氢能产业的可持续发展。
3	阿拉伯联合酋长国	国家氢能战略（2023）	到 2031 年成为全球领先的氢气生产国，实现每年 140 万 t 低碳氢的生产能力。到 2040 年，低碳氢产能将达到 750 万 t/a，包括 500 万 t/a 的国内需求和 250 万 t/a 的出口需求。到 2050 年，低碳氢产能将达到 1500 万 t/a，其中包括 1000 万 t/a 的国内需求和近 500 万 t/a 出口需求。氢能主要行业用途包括航运、航空、铝、运输以及化肥和化学品。
4	埃及	绿色氢能战略（2023）	该战略目标是占据全球氢市场的 5%~8%，到 2040 年减少 4000 万 t 碳排放，增加国内生产总值 100 亿~180 亿美元，确保能源安全。
5	爱尔兰	国家氢能战略（2023）	优先发展可再生氢，2030 年前通过电网电解多余可再生能源生产氢气，目标是 2030 年开发 2GW 海上风电用于生产可再生氢气。重点在难以脱碳的行业，初期应用于重型运输，随后是工业和灵活发电。长远来看，航空和海运是高优先级终端用户。预计 2050 年国内氢需求为 4.6~39TWh，含国际航空和航运需求则为 19.8~74.6 TWh。未来工作更好理解潜在终端用户需求，氢气生产扩展将依赖于压缩运输和氢气管道基础设施。
6	奥地利	氢能发展战略（2022）	旨在大规模用气候中和氢气替代能源密集行业中的化石能源。到 2030 年，计划实现 1GW 电解槽产能，年产约 4TWh 可再生氢气，并提供每年 4000 万欧元的资助。战略重点包括：在难以脱碳的行业及特定交通领域优先使用氢气，目标是到 2030 年替代工业中 80%的化石氢气；推动国际合作和多样化供应策略。政策措施涵盖：旗舰项目启动、可再生氢生产支持、市场激励、基础设施建设、技术研发以及欧洲和国际层面的合作。2024 年，计划在欧洲氢能银行支持下，推出 4 亿欧元的国内可再生氢生产者补贴计划。
7	澳大利亚	国家氢能战略（2019）	旨在通过全国协调行动促进氢能产业发展，目标是在 2030 年前成为全球主要氢能出口国。战略包括提供超过 5 亿澳元用于区域氢能枢纽的建设，3000 万澳元用于氢能研发、可行性研究和试点项目的资助。2024 年，计划推出 4 亿澳元的国内可再生氢生产者补贴，支持未被欧盟创新基金选中的项目。战略还强调国际合作，与德国、日本、新加坡等国共同推进低碳氢能技术的研发和应用。
8	巴拉圭	走向绿色氢能路线图（2021）	补充了 2019~2023 年国家可持续能源议程，将绿氢作为重要的能源载体，特别适用于长途运输。路线图评估了利用巴拉圭丰富的可再生能源生产绿氢的潜力，目标是国内使用和区域出口，生产成本约为 2.2 美元/kg。路线图重点关注交通运输部门的脱碳，提出三个试点项目，分别位于维拉埃利萨、东方市和恩卡纳西翁，展示氢能在交通运输中的可行性，总投资估计为 1000 万美元。
9	巴拿马	国家氢能战略（2023）	到 2030 年，每年生产 50 万 t 绿氢或其衍生物，使绿氢占船用燃料的 5%；到 2040 年，每年生产 200 万 t 绿氢，使绿氢占船用燃料的 30%，重型运输车辆和机械的 20%；到 2050 年，使绿氢占船用燃料的 40%，航空和重型车辆的 30%。
10	巴西	国家氢能规划（2022）	该政策的目标包括实现经济脱碳、重视和鼓励国家技术发展以及发展有竞争力的氢市场。

序号	国家	政策名称	政策摘要
11	巴西	2023-2025 年国家氢能计划三年期国家计划（2023）	重点关注低碳氢生产，包括可再生能源、生物质和化石燃料以及碳捕获、储存或使用核能制氢。到 2025 年在全国推广试点工厂；到 2030 年使巴西成为全球低碳氢生产最具竞争力的国家；到 2035 年建立低碳氢中心。计划还将研发投资从 2020 年的 2900 万雷亚尔增加到 2025 年的 2 亿雷亚尔。
12	比利时	联邦氢愿景和战略 v2（2022）	该战略设想，到 2050 年，比利时能源结构中的氢完全来自于可再生能源。该战略设定比利时氢能发展目标，到 2026 年至少有 150MW 的电解槽产能投入运行。该战略指出，比利时将进口大量基于可再生能源的氢气及其衍生物（2030 年为 20TWh，2050 年为 200～350TWh）以满足国内需求。该战略指出，政府有意发展氢能运输网络，并希望到 2028 年使该网络至少与德国、法国和荷兰互联，以支持比利时的氢能进口和转运。该战略预计到 2028 年将提供约 3 亿欧元的资金，支持比利时与德国氢运输网络的互联。
13	波兰	波兰到 2030 年的氢能战略与到 2040 年的展望（2021）	该战略下的主要规划目标包括：低碳制氢设施装机容量方面，2025 年达到 50MW，2030 年达到 2GW；氢谷数量方面，到 2030 年至少 5 个；投入使用的氢燃料公交车数量方面，2025 年达到 100～250 辆，2030 年达到 800～1000 辆；氢气站的数量方面，到 2030 年至少 32 个。
14	丹麦	政府的 Power-to-X 战略（2021）	该战略确定了在丹麦推广 Power-to-X（PtX）技术的四个目标：①Power-to-X 必须能够为实现丹麦气候法案中的目标作出贡献。②监管框架和基础设施需要充分利用丹麦的优势，并使 Power-to-X 行业能够按照市场条件长期运营。③Power-to-X 与丹麦能源系统之间的整合需要得到改善。④丹麦必须能够出口 Power-toX 产品和技术。此外，政府建议丹麦的目标是到 2030 年建设 4～6GW 的电解产能。
15	德国	德国国家氢战略（2020）	该战略计划到 2030 年在国内建立约 5GW 的制氢产能，在可能的情况下将在 2035～2040 年间额外增加 5GW 的产能。该战略制定了包括三个阶段的具体行动计划。此外，该战略中指出的可用于氢应用的财政支持措施包括：①运输相关的发展计划将获得约 80 亿欧元的资金，其中 34 亿欧元将用于支持充电和加油基础设施的建设。②将 7 亿欧元用于促进建筑部门中燃料电池供暖系统的使用。③提供 20 亿欧元的资金加强氢能方面的国际合作。
16	德国	德国国家氢战略 v2（2023）	更新的战略内容包括：2030 年国内电解产能目标从 5GW 增加到至少 10GW。到 2027/2028 年，德国将建立拥有超过 1800km 的氢气管道网络。同时，推进以下领域中的氢应用：到 2030 年，氢及其衍生物将特别用于工业应用、重型商用车辆以及航空和海上运输。在电力领域，使用氢提高能源安全，建立可使用氢气的燃气电厂，使用氢气提高电力系统运行稳定性。
17	厄瓜多尔	厄瓜多尔绿色氢能路线图（2023）	该路线图概述了三个氢能发展阶段的目标。其中，第一阶段（2023～2025 年）：0.1MW 电解产能，0.2MW 可再生能源产能。第二阶段（2025～2030 年）：1GW 电解产能，2GW 可再生能源产能。第三阶段（2030 年以后）：到 2040 年，电解产能达到 3GW，可再生能源产能达到 6GW。为了实现这些目标，路线图确定了 31 项高级别行动，聚焦于研究开发和创新培训、法规和条例制定、基础设施建设以及国际合作等方面。
18	法国	法国脱碳和可再生氢发展国家战略（2020）	该战略承诺，法国将在 2020～2030 年期间投入 70 亿欧元公共投资来开发脱碳氢。上述资金将根据三个优先事项进行投资：①通过发展法国电解制氢产业实现行业脱碳，到 2030 年电解槽装机容量达到 6.5GW。制备的氢气将主要应用于工业过程，特别是使用可再生氢进行炼油/化学品制备。②开发脱碳氢在重型机动车辆中的应用。③支持研究、创新和技能开发。
19	法国	法国国家能源和气候计划更新草案评估（2023）	法国将在 2023 年采用更新的氢战略，其目标电解槽产能为 2030 年 6.5GW，2035 年 10GW。更新后的计划草案还包括了支持可再生氢的具体措施，例如新的拍卖计划以及可在运输部门和化肥领域使用的税收工具。此外，计划草案还讨论了氢网络部署，计划在 2026 年之前交付概要。
20	芬兰	芬兰国家氢能路线图（2020）	该路线图指出，到 2030 年，芬兰绿色氢生产的总潜力将达到 10 万～15 万 t（不包含新的工业或交通用途），氢气的生产可能仍然集中在现有地点。

序号	国家	政策名称	政策摘要
21	哥伦比亚	哥伦比亚国家氢能路线图（2021）	路线图指出，氢战略是实现净零愿望的五个关键支柱之一。路线图的目标是到2030年实现1GW绿氢产能（同时将绿氢成本降低至每kg1.70美元），以及5万t蓝氢产能。路线图设置了三个发展阶段：第一阶段（目前～2026年）：在炼油厂中使用清洁氢气，将少量的清洁氢用作卡车和公共汽车的燃料。第二阶段（2027～2035年）：清洁氢将用于生产氨肥和用于轻型车辆。第三阶段（2036～2050年）：绿氢预计将与基于化石燃料的氢气竞争，推进绿氢在航运、航空和发电厂以及钢铁生产中的应用。
22	韩国	促进氢经济和氢安全管理法（2020）	该法案为氢经济的实施奠定基础，为氢能供应和氢设施的安全管理提供了必要的支持。下一步，韩国国会将采取一系列措施，通过有关氢法的下层法令以完善氢经济法律体系。
23	韩国	氢经济发展战略（2022）	政府提出了到2030年实现普及3万辆氢能商用车的目标。为此，将采用扩大氢能公共汽车和货车的购置补贴、延长购置税、通行费减免等措施，创造氢能需求。政府还将建造年产量达4万t的全球最大规模的液化氢成套设备、年进口量达400万t的氨进口终端等基础设施。
24	韩国	韩国2040年氢经济路线图（2019）	该路线图概述了到2040年生产620万辆燃料电池电动汽车并推出至少1200个加气站的目标。此外，该计划提出了到2040年至少推出40000辆氢能公交车。同时，路线图提出到2040年供应15GW燃料电池用于发电的目标，用于家庭和建筑物的燃料电池总容量也需达到2GW。此外，政府计划到2030年让10%的城市、县和城镇使用氢气。
25	荷兰	政府氢能战略（2020）	该战略强调了发展大规模氢能基础设施的重要性，特别是指出发挥荷兰在国际氢能贸易中枢纽作用的重要性。该战略指出，到2025年，荷兰的电解装机容量将扩大到500MW左右，到2030年扩大到3～4GW。
26	加拿大	加拿大氢战略（2020）	该战略提出了加拿大2050年的氢能愿景，包括拥有超过500万辆的燃料电池电动汽车；国内氢能行业收入超过500亿加元；每年减少温室气体排放高达190Mt CO2e；氢能占加拿大能源系统份额的30%。此外，该战略的基础是联邦政府提供的15亿加元投资，主要支持包括氢在内的低碳燃料的生产和使用。
27	捷克共和国	捷克共和国国家氢战略（2021）	该报告指出了氢能发展的三个阶段：第一阶段，重点关注清洁交通概念下氢的使用。第二阶段计划从2026年开始，将清洁氢用于涉及氢应用的工业。第三阶段从下一个十年开始，希望可以在无须补贴的情况下使用管道运输氢气，拓展氢气的多元应用。
28	克罗地亚	2021-2050氢能战略（2022）	该战略提出了两种行业发展情景：在2050年实现气候中和的情景下，克罗地亚将在2030年之前安装70MW的电解槽产能，到2050年安装2750MW的电解槽产能。同时，2050年氢气占国家总能源消耗的11%。在欧盟氢能加速发展的情景下，电解槽产能预计在2030年达到1270MW，到2050年达到7330MW。同时，2050年氢气占国家总能源消耗的15%。据估计，到2050年，气候中和情景将需要约30亿欧元的投资，而加速发展情景将需要约90亿欧元。
29	肯尼亚	肯尼亚绿色氢战略和路线图（2023）	路线图中的主要目标包括：2023～2027年，推进国内氢能市场开发，主要目标是铺设150MW的绿氢专用的可再生能源并安装150MW电解槽容量。2028～2032年，拥有350～450MW的绿氢专用的可再生能源并安装150～250MW电解槽容量。2032年及以后，在交通和钢铁等部门开拓绿氢应用，扩大现有的"肯尼亚制造"绿色氢产品的出口机会。
30	卢森堡	卢森堡氢能战略（2021）	该战略确定了氢使用的三个优先领域：工业、运输、面向未来的综合能源系统。据估计，上述领域的应用的氢将在每年额外带来超过12.5万t的氢需求，使该国氢气总需求达到30万t。
31	罗马尼亚	2023-2030国家氢能战略和行动计划（2023）	该战略指出，通过在工业部门使用绿色氢和清洁氢，以及在运输部门和能源部门使用绿色氢，到2030年可以避免至少290万t碳排放。同时，该国到2027年将年产至少13.7万t绿氢和3000t清洁氢，到2030年年产至少28.2万t绿氢和7000t清洁氢。

序号	国家	政策名称	政策摘要
32	马来西亚	氢能经济与技术路线图（2023）	该路线图概述了三个目标：①氢能将成为马来西亚新能源经济的基石，该国将建立强大的全球氢供应链，重点是向亚太地区出口氢。②马来西亚将通过能源多元化实现可持续能源供应，推广氢在储能等领域的使用，这将创造 68.2WTh/a 的氢需求。③马来西亚将投资氢技术，在交通领域开发更广泛的氢能应用场景，这将创造 30.5TWh/a 的氢需求。
33	美国	美国氢能计划（2020）	该计划涉及的重点领域是：①通过促进基础和应用研究克服技术障碍。②集成、演示和验证"首创"氢及相关技术。③加速创新和技术向私营部门的转化。④解决机构问题，包括安全问题、教育和劳动力发展以及规范和标准的制定问题。⑤确定、实施和完善联邦计划的战略，以发挥可持续市场对经济、环境和能源安全的保障作用。
34	美国	美国国家清洁氢能战略路线图（2023）	该路线图旨在加速美国清洁氢的生产、处理、交付、存储和应用，强调了到 2035 年实现无碳电网，到 2050 年实现电网净零排放的目标。该战略提出到 2030 年、2040 年和 2050 年，美国将每年生产 1000 万 t、2000 万 t 和 5000 万 t 清洁氢。此外，战略还补充了高达 95 亿美元的清洁氢投资方案，以提供强有力的政策激励。
35	美国	降低通货膨胀法案（2022）	该法案将在十年内对低碳氢提供最多 3 美元/kg 的税收抵免，这使得美国的可再生氢成为世界最便宜的氢。
36	摩洛哥	国家氢能部署战略（2021）	该路线图确定了实施国家战略的三个"战略轴"：技术开发方面，降低绿色氢能行业及其衍生品整个价值链的成本。投资和供应方面，建立致力于发展氢能技术的国家产业集群以及制定相应基础设施的总体规划。市场和需求方面，实现需求机会，催生新市场。此外，该战略包括制定国家储能发展计划，旨在加强氢及其衍生物作为能源的使用。
37	纳米比亚	绿色氢及其衍生品战略（2022）	该战略的目标是到 2050 年实现每年 1000～1500 万 t 氢当量的大规模绿色燃料工业，其阶段目标如下：2030 年：100 万～200 万 t 氢当量；2040 年：500 万～700 万 t 氢当量；2050 年：1000 万～1500 万 t 氢当量。
38	南非	南非氢能社会路线图（2022）	该路线图指出，需要侧重重型运输、能源密集型行业（水泥、钢铁、采矿、炼油厂）脱碳，创建氢产品和燃料电池组件制造中心，为南非绿色氢创建出口市场。同时，提高氢在南非能源系统中的作用，以适应向净零经济的转变。
39	挪威	挪威政府的氢能战略（2020）	该战略的主要目标是：继续支持必要的技术发展，通过相关计划支持氢技术的研究、开发和示范。同时，重点关注具有高科学质量和商业发展潜力的项目，致力于开发二氧化碳捕集、运输和封存技术，为挪威的全规模 CCS 工厂构建具有成本效益的解决方案。
40	挪威	氢能路线图（2021）	该路线图的一个关键要素是增加挪威清洁氢的试点和示范项目数量。在短期内，建立与海洋相关的氢中心并增加氢研究。到 2030 年，氢气将成为海事领域的主要替代品，并具有更广泛的市场化发展前景。在 2025 年之前，政府将与私营部门合作，尝试在海上运输领域建立五个氢能枢纽。争取建立一两个具有相关生产设施的工业项目。同时，实施 5～10 个试点项目，以开发/展示新的、更有效的氢技术。
41	欧盟	气候中立欧洲的氢战略欧盟（2020）	分三个阶段发展氢能产业：2020～2024 年：在欧盟安装至少 6GW 的可再生氢电解槽，生产高达 100 万 t 可再生氢；2025～2030 年：安装至少 40GW 的可再生氢电解槽，生产高达 1000 万 t 可再生氢；2030～2050 年：可再生氢技术应成熟并大规模部署，覆盖所有难以脱碳的行业。
42	欧盟	RepowerEU 计划（2022）	以 RepowerEU 计划为主线，欧盟在制氢端启动氢能银行弥补灰氢和绿氢之间的成本差距，主要资金来源为欧盟排放交易体系创新基金。同时，在加氢站方面初步达成协议，在核心路段至少每 200km 安装一个加氢站。
43	葡萄牙	葡萄牙国家氢能战略（2020）	该战略为到 2030 年部署绿氢设定了几个目标，包括：实现 2～2.5GW 的电解槽装机容量；实现 10%～15%的氢气注入天然气管网；在工业部门能源消耗中，氢占比 2%～5%；公路运输能耗中，氢气占比 1%～5%；最终能源消耗中，氢气占比为 1.5%～2%；建立 50～100 个加氢站。

序号	国家	政策名称	政策摘要
44	日本	日本氢能基本战略（2017）	基本氢能战略设定了日本氢能的具体发展目标：①产量方面，2030 年形成 30 万 t/a 的商业化供应能力；2050 年形成 500 万～1000 万 t/a 以上的供应能力，主要用于发电。②成本方面，2030 年减少 1/3，降低至 3 美元/kg，氢能发电成本降低至 17 日元/kWh；2050 年再减少 1/5，降低至 2 美元/kg，氢能发电成本降低至 12 日元/kWh，取代天然气发电。③应用方面，2030 年，交通方面，加氢站 900 座，燃料电池汽车 80 万辆，燃料电池公共汽车 1200 辆，燃料电池叉车 1000 辆；建筑方面，家庭用热电联供分布式燃料电池 530 万家庭（家庭总数的 10%）。
45	日本	2050 年碳中和绿色增长战略（2020）	日本将氢视为其经济脱碳同时保持其工业竞争力的主要方式。在该战略颁布后，日本政府在 2021 年 6 月进行了再次更新，为优先行业增加了具体的行动计划。公布了资金支持规模约 2.33 万亿美元，并指出预计到 2030 年进口氢气 300 万 t、成本下降至 20 日元/标方的目标。
46	日本	氢能基本战略修订版（2023）	更新后的战略计划到 2040 年实现氢气供应量达到 1200 万 t（包括氨）。计划在未来 15 年内为该氢/氨供应链的发展产生 15 万亿日元（约合 1100 亿美元）的公共和私人投资。目标是实现氢供应成本在 2030 年降至 30 日元/标方，在 2050 年降至 20 日元/标方。
47	瑞典	瑞典氢能、电力合成燃料和氨的国家战略提案（2022）	瑞典能源署的提案涉及 2 个阶段：①在 2030 年之前部署 5GW 的电解槽容量，对应 22～42TWh 的可再生电力需求。②到 2045 年部署总计 10GW 的氢电解槽容量，对应 66～126TWh 的可再生电力需求。
48	斯里兰卡	斯里兰卡国家氢能路线图（2023）	该路线图确定了行业发展的四个阶段。2022～2025 年：推进政策规范、示范、试点、离岸研究；2025～2028 年：推进国内增产、供应链研发、海上区块建设；2028～2035 年：扩大国内消费和生产规模，推进绿色氢及其衍生物出口；2035～2048 年：保持绿氢市场稳定和出口市场资本化。
49	斯洛伐克	国家氢能战略：为未来做好准备（2021）	该战略指出，到 2030 年，斯洛伐克预计每年将消耗 20 万 t 氢气。在氢气大规模应用的基础上，到 2050 年，上述数字将可能达到 40 万～60 万 t，其中 90%将来自低碳能源。
50	土耳其	氢能技术战略和路线图（2023）	路线图的主要目标为：2030 年、2035 年、2053 年电解槽装机容量为 2GW、5GW 和 70GW。此外，到 2025 年，天然气网中掺氢占比达到 5%～20%，2025～2040 年，上述比例将达到 20%～100%。到 2035 年，保证绿氢的生产成本低于 2.4 美元/kg，到 2053 年低于 1.2 美元/kg。
51	乌克兰	乌克兰氢气生产和使用路线图草案（2021）	该战略包括三个阶段的实施方法：①短期目标（2022～2025 年），奠定氢能基础，启动绿色氢出口市场。②中期目标（2026～2030 年），推进氢能生产增长，增加一次能源的多样性。③长期目标：迅速扩大市场，尤其是出口市场。
52	乌拉圭	乌拉圭的绿色氢能路线图（2023）	路线图概述了三个发展阶段。第一阶段（2022～2025 年）：重点关注国内市场，制定法规和试点/示范项目，开发 20MW 基于可再生能源的氢气产能。第二阶段（2026～2030 年）：扩大国内市场，建设出口项目，保证 2030 年相关的可再生能源装机容量达到 1～2GW，电解装机容量约为 1GW。第三阶段（2030 年后）：到 2040 年实现 18GW 的可再生能源产能和 9GW 的氢和氢衍生物产能。
53	西班牙	氢能路线图——对可再生氢的承诺（2020）	该路线图概述了到 2030 年可再生氢的一系列国家目标，包括：生产方面，安装 4GW 的电解槽产能，到 2024 年实现 300～600MW 的中间目标；工业方面，25%的工业用氢来自可再生能源；交通方面，保证至少 150 辆公共汽车、5000 辆轻型和重型车辆以及两条商业铁路线组成的车队将由可再生氢提供动力，并在主要的五个港口和机场引入（可再生）氢动力装卸机械。
54	希腊	国家技术推广战略：氢气和可再生气体的应用（2022）	该战略预计，到 2030 年电解槽产能将达到 750MW，由可再生能源提供 3GW 的对应发电产能，其中 80%是光伏发电，20%是风能发电。生产的氢将主要在炼油厂、工业和运输应用中替代化石氢、天然气和部分石油。上述氢气可以是绿氢或氢基"合成燃料"（后者主要用作飞机和海上运输的燃料）。

序号	国家	政策名称	政策摘要
55	新加坡	新加坡国家氢能战略（2022）	该政策规定了新加坡发展低碳氢的关键原则和行动。其关键支柱是：通过探路者项目，尝试使用先进的氢技术投资研发以解锁技术瓶颈。同时，寻求国际合作，以实现低碳氢供应链，开展长期的土地和基础设施规划，支持劳动力培训和更广泛的氢经济发展。
56	新西兰	临时氢能路线图（2023）	路线图预计新西兰未来几十年对绿色氢的需求将大幅增长，到2035年可能达到每年18万t，到2050年将增加到56万t。如果这一需求水平最终实现，到2035年可能需要1.5GW的电解槽容量，到2050年上升到4.5GW，这又进一步在2035年和2050年需要11.5TWh和33.9TWh的电力需求。
57	匈牙利	匈牙利国家氢战略（2021）	该战略的目标是，到2030年每年生产36000t清洁氢，其中包括20000t低碳氢、16000t绿色氢和其他无碳氢，这同时要求了需要安装240MW的电解槽容量。此外，该战略重点关注工业脱碳、绿色交通以及电力和天然气支持基础设施。工业脱碳方面，该战略的目标是到2030年每年生产24000t清洁氢和其他无碳氢。绿色交通方面，该战略的目标是到2030年每年将10000t清洁氢和其他无碳氢用于交通运输。同时，到2030年建立至少20个加氢站（每个加氢站有两个加氢点），拥有4800辆氢动力汽车。
58	以色列	以色列氢战略：指导原则和决策点（2023）	该文件指出，在保守情况下，以色列2050年的氢需求量约为每年55万t。在激进情况下，上一指标则变为每年160万t～520万t。文件指出，到2030年，优先推进清洁氢试点、试验、可行性测试、监管调整和年度检查，支持行动重点体现在基础设施建设、研发投资、氢谷建设、政策法规完善以及国际合作等领域。
59	意大利	国家氢能战略初步指南（2020）	初步指南中包含的目标包括：2030年电解槽装机容量达到5GW，氢在最终能源需求中占比超过2%，到2050年超过20%。此外，2020～2030年氢能投资约为100亿欧元，其中，50亿～70亿欧元用于生产资产，20亿～30亿欧元用于分销基础设施，约10亿欧元用于研发费用。未来十年意大利政府预计将有4000辆长途卡车，并逐步取代柴油火车。
60	印度	国家绿色氢使命（2023）	文件指出，到2030年将生产至少500万t绿色氢。如果出口市场实现有效增长，年产量有可能达到1000万t。文件设定了分阶段的开发方法：第一阶段（2022～2023年至2025～2026年）：重点关注已使用氢的行业（例如炼油厂、化肥制造、城市燃气网络）的绿色氢发展，并推进研发、法规/标准制定和试点项目（例如，钢铁生产、长途重型移动和运输）。第二阶段（2026～2027年至2029～2030年）：以第一阶段为基础，在新的经济领域（例如铁路、航空）采取举措。相关项目的初始支出为1974.4亿卢比。
61	印度尼西亚	国家氢能战略（2023）	印度尼西亚氢能产业发展和使用的方向考虑了三个因素：①支持新能源和可再生能源的使用；②支持脱碳努力和印度尼西亚缓解全球气候变化的承诺；③开发印度尼西亚作为氢能中心的潜力。该文件指出，印度尼西亚的氢能开发仍处于研究和试点项目阶段。氢的使用预计将在2030年后开始增长，重点是移动应用、发电、能源存储和难以减少的行业脱碳。
62	英国	英国氢战略（2021）	该战略政策文件提出了到2030年英国低碳氢产能达到5GW的目标。这将在2023～2030年减少约41Mt CO_2e 的总排放量。
63	英国	英国氢投资者路线图（2022）	该战略是英国氢能战略的后续行动，它将2030年的产能目标从5GW提高到10GW。
64	智利	智利国家绿色氢战略（2020）	该战略制定了智利发展绿色氢的框架，目标是到2040年成为世界级出口国。战略设定了2025年和2030年的具体目标，其中，2025年需要5GW的电解产能，建成至少2个氢谷，年产量达到20万t。2030年，智利成为全球最便宜的绿氢生产国（小于1.5美元/kg），实现25GW的电解槽产能。此外，战略还包括短期的具体措施，例如试点项目融资、制定法规以确保投资者的长期安全，以及关于提高国家碳税（目前为5美元/t CO_2）以使氢投资更具吸引力。
65	中国	《氢能产业发展规划（2021—2035年）》（2022）	《规划》提出了氢能产业发展各阶段的目标：到2025年，基本掌握核心技术和制造工艺，拥有燃料电池汽车5万辆左右，部署建设一批加氢站，利用可再生能源生产的氢气量达到10万～20万t/a，二氧化碳减排100万～200万t/a；到2030年，形成较为完善的氢能产业技术创新体系、清洁能源氢气生产供应体系，有力支撑碳达峰目标的实现。到2035年，氢能多元化应用生态形成，可再生能源制氢占最终能源消费比重大幅提升。